열정이 가득한 초심자의 마음으로,
독자와 함께 성장하는 지식의 나무가 되겠습니다.

초판 인쇄	2008년 01월 21일
초판 19쇄	2019년 10월 25일
편저	고수연
발행인	이진곤
발행처	씨앤톡
등록일자	2003년 5월 22일
등록번호	제 313-2003-00192호
ISBN	978-89-6098-034-1 (03720)
주소	경기도 파주시 문발로 405 제2출판단지 씨앤톡 사옥 3층
홈페이지	www.seentalk.co.kr
전화	02-338-0092
팩스	02-338-0097

ⓒ2008, 씨앤톡

본 책은 저작권법에 의해 보호를 받는 저작물이므로 무단 전재와 복제를 금합니다.

머리말

중국어는 어법 구조가 간단하고 어미의 변화가 없으며 반말 높임말의 구분도 거의 없는 매우 쉬운 언어입니다. 따라서 간단한 기본 구조와 단어만 많이 알면 얼마든지 의사소통이 가능합니다. 그동안 단어를 어떻게 하면 많이 외울 수 있는지, 그리고 어떻게 해야 오래 기억할 수 있을까에 대해 항상 연구하고 생각하고 있던 중 단어장을 의뢰 받았습니다.

이 책은 중국어 학습을 시작한 기초에서 중급까지 레벨에서 꼭 알아야 하는 기본적이고 중요한 단어를 그림과 함께 수록해, 글자를 보면서 익힌 단어를 그림으로 다시 한번 확인하는 시스템으로 구성되어 있습니다.

또 한 가지 다른 단어장과 다른 점이라면 "말해 보기"란 코너를 통해서 익힌 단어를 바로 확인하고 말할 수 있도록 회화 연습 코너를 따로 마련한 점입니다. 한번 본 단어를 바로 기억해서 바로 말할 수 있는 비법을 이 책에서 공개한다고 해도 과언이 아닐 것입니다.

중국어를 잘하려면 단어는 무엇보다 중요한 요소라는 것을 학습자 여러분도 잘 알고 있을 것입니다.

재미있게 오래 기억할 수 있도록 정성을 기울여 만든 이 책으로, 세계 속에 사는 한 사람으로서 언어의 장벽을 허물 수 있다는 자신감을 가지고 공부하신다면 멋진 결과가 있을 것입니다. 학습하는 모든 분이 성공하시길 진심으로 기원합니다.

2008년 1월 고수연

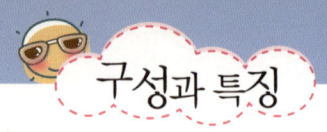

구성과 특징

중국어를 처음 시작하는 학습자에서부터 중급자들까지 알아야 할 기본 단어와 일상 생활에서 가장 많이 쓰이는 단어를 중심으로 14개의 주제로 나누어서 구성했습니다.

기초 학습자가 쉽게 시작할 수 있도록 모든 중국어 병음에 한글 발음을 달았으며 모든 단어를 순서대로 한국어 중국어순으로 녹음했습니다. mp3 파일을 무료로 제공하므로, 단어 외우기부터 듣기, 발음, 받아쓰기까지 완벽하게 익힐 수 있습니다.

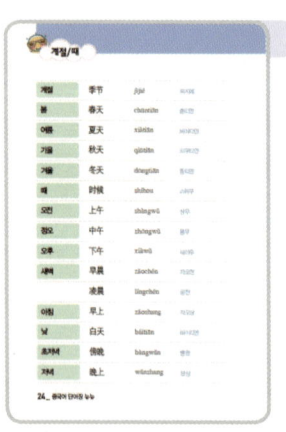

기본 단어편에서는 숫자, 시간, 날짜 등 기본으로 꼭 알아야 할 단어로 구성했으며, 주제별 어휘편에서는 주제와 연관성 있는 가장 많이 쓰이는 명사, 동사로 구성했습니다.

먼저 중국어로 익힌 단어를 그림으로 다시 한 번 확인 학습하고 바로 회화 연습으로 이어지는 시스템의 학습법입니다.

각 주제마다 실력확인문제를 만들어 복습 학습을 통해 완벽하게 단어를 마스터할 수 있게 하였습니다.

차례

PART 1　기본 단어　　11

- 숫자　12
- 시간　14
- 일　16
- 요일 / 주　18
- 월　20
- 년　22
- 계절 / 때　24
- 위치 / 방향　26
- 단위　28
- 띠　30
- 기본 동사　32
- 기본 형용사　34
- 양사　40
- 대명사　43
- 부사　46
- 접속사　50
- 인사말　52
- 실력확인　54

PART 2　가족과 인간관계　　57

- 가족 / 친척　58
- 인간관계　62
- 부사　64
- 사람의 일생　66
- 실력확인　68

PART 3　사람의 몸　　69

- 얼굴　70
- 신체　72
- 신체 동작　76
- 실력확인　80

PART 4　건강　　81

- 신체의 상태　82
- 생리 현상　84
- 병원　85
- 질병　88
- 의약품　90
- 실력확인　91

PART 5 　감정　93

- 성격　94
- 감정　96
- 실력확인　99

PART 6 　의　101

- 의복　102
- 잡화　106
- 색상　108
- 실력확인　110

PART 7 　식　113

- 식사　114
- 곡류/야채　115
- 과일　118
- 고기류/해산물　120
- 맛　122
- 조리 방법　124
- 조미료　127
- 음료 · 술 · 기타　128
- 실력확인　129

PART 8 　주　131

- 집　132
- 집 내부　136
- 부엌　138
- 거실　142
- 방　144
- 욕실　146
- 청소 / 세탁　149
- 실력확인　152

PART 9 　학교　155

- 교육　156
- 교실　158
- 문구　160
- 학교 생활　162
- 실력확인　165

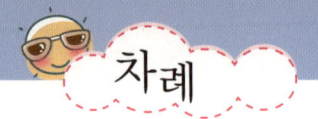

차례

PART 10 직장 — 167
- 직업 — 168
- 직장생활 — 170
- 실력확인 — 174

PART 11 일상생활 — 177
- 하루 — 178
- 동네 풍경 — 180
- 교통 — 182
- 운전 — 188
- 쇼핑 — 190
- 우체국 — 192
- 은행 — 194
- 전화 — 196
- 컴퓨터 — 198
- 실력확인 — 201

PART 12 취미와 문화 — 203
- 취미 — 204
- 예술 — 206
- 대중매체 — 208
- 스포츠 — 210
- 여행 — 212
- 실력확인 — 214

PART 13 자연 — 217
- 동물 — 218
- 조류/곤충 — 219
- 식물 — 220
- 자연 — 224
- 날씨 — 226
- 실력확인 — 228

PART 14 사회 — 231
- 정치 — 232
- 경제 — 233
- 종교 — 234
- 사고/범죄 — 235
- 중국 전도 — 236
- 실력확인 — 238

실력확인 정답 — 239

PART 1 기본 단어

숫자

0	零	líng	링
1	一	yī	이
2	二	èr	얼
3	三	sān	싼
4	四	sì	쓰
5	五	wǔ	우
6	六	liù	리우
7	七	qī	치
8	八	bā	빠
9	九	jiǔ	지우
10	十	shí	스
20	二十	èrshí	얼스
30	三十	sānshí	싼스
40	四十	sìshí	쓰스

50	五十	wǔshí	우스
60	六十	liùshí	리우스
70	七十	qīshí	치스
80	八十	bāshí	빠스
90	九十	jiǔshí	지우스
백	一百	yì bǎi	이 바이
천	一千	yì qiān	이 치엔
만	一万	yí wàn	이 완
억	一亿	yí yì	이 이
0.5	零点五	líng diǎn wǔ	링 디엔 우
1/2	二分之一	èr fēnzhī yī	얼 펀즈 이
50%	百分之五十	bǎi fēnzhī wǔshí	바이 펀즈 우스

시간

1시	一点	yì diǎn	이 디엔
2시	两点	liǎng diǎn	량 디엔
5시	五点	wǔ diǎn	우 디엔
7시	七点	qī diǎn	치 디엔
11시	十一点	shíyī diǎn	스이 디엔
12시	十二点	shí'èr diǎn	스얼 디엔
5분	五分	wǔ fēn	우 펀
10분	十分	shí fēn	스 펀
15분	十五分	shíwǔ fēn	스우 펀
	一刻	yí kè	이 커
30분	三十分	sānshí fēn	싼스 펀
	半	bàn	빤
45분	四十五分	sìshiwǔ fēn	쓰스우 펀
	三刻	sān kè	싼 커

말해보기

※ 그림을 보고 중국어로 말해 보세요.

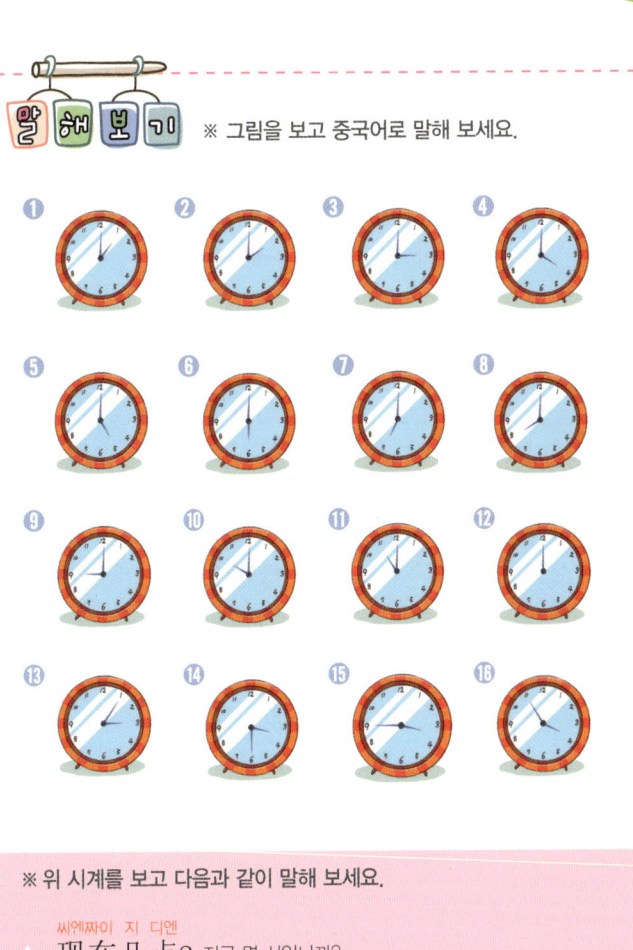

※ 위 시계를 보고 다음과 같이 말해 보세요.

A 现在几点? 지금 몇 시입니까?
　씨엔짜이 지 디엔
　Xiànzài jǐ diǎn?

B 现在 _____。 지금 _____입니다.
　씨엔짜이
　Xiànzài _____.

일	号(日)	hào(rì)	하오(르)
날, 날짜	日子	rìzi	르즈
그끄제	大前天	dàqiántiān	따치엔티엔
그제	前天	qiántiān	치엔티엔
어제	昨天	zuótiān	주어티엔
오늘	今天	jīntiān	진티엔
내일	明天	míngtiān	밍티엔
모레	后天	hòutiān	허우티엔
글피	大后天	dàhòutiān	따허우티엔
매일	每天	měitiān	메이티엔
하루	一天	yì tiān	이 티엔
이틀	两天	liǎng tiān	량 티엔
어느 날	有一天	yǒuyìtiān	여우이티엔
하루 종일	整天	zhěngtiān	정티엔

1일	一号	yī hào	이 하오
5일	五号	wǔ hào	우 하오
10일	十号	shí hào	스 하오
15일	十五号	shíwǔ hào	스우 하오
20일	二十号	èrshí hào	얼스 하오
25일	二十五号	èrshiwǔ hào	얼스우 하오
30일	三十号	sānshí hào	싼스 하오
31일	三十一号	sānshíyī hào	싼스이 하오

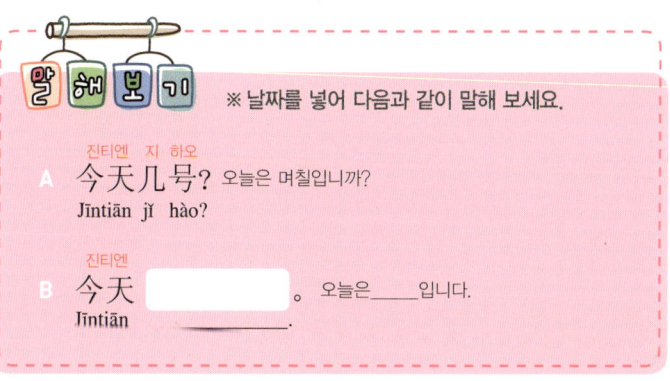

※ 날짜를 넣어 다음과 같이 말해 보세요.

진티엔 지 하오
A 今天几号? 오늘은 며칠입니까?
　 Jīntiān jǐ hào?

진티엔
B 今天 _____ 。 오늘은 ____입니다.
　 Jīntiān _____.

요일/주

월요일	星期一	xīngqīyī	씽치이 ❶
화요일	星期二	xīngqī'èr	씽치얼 ❷
수요일	星期三	xīngqīsān	씽치싼 ❸
목요일	星期四	xīngqīsì	씽치쓰 ❹
금요일	星期五	xīngqīwǔ	씽치우 ❺
토요일	星期六	xīngqīliù	씽치리우 ❻
일요일	星期天	xīngqītiān	씽치티엔 ❼
주	星期	xīngqī	씽치
지지난주	上上个星期	shàng shàng ge xīngqī	상상 거 씽치
지난 주	上个星期	shàng ge xīngqī	상 거 씽치
이번 주	这个星期	zhè ge xīngqī	쪄 거 씽치
다음 주	下个星期	xià ge xīngqī	씨아 거 씽치
다다음 주	下下个星期	xià xià ge xīngqī	씨아씨아 거 씽치
매주	每个星期	měi ge xīngqī	메이 거 씽치

 ※ 그림을 보고 중국어로 말해 보세요.

①  월요일
②  화요일
③  수요일
④  목요일
⑤  금요일
⑥  토요일
⑦  일요일

※ 1~7까지의 단어를 넣어 다음과 같이 말해 보세요.

　　진티엔　씽치　지
A 今天星期几? 오늘은 무슨 요일입니까?
　 Jīntiān xīngqī jǐ?

　　진티엔
B 今天 _____。 오늘은 ____입니다.
　 Jīntiān _____.

월

1월	一月	yī yuè	이 위에
2월	二月	èr yuè	얼 위에
3월	三月	sān yuè	싼 위에
4월	四月	sì yuè	쓰 위에
5월	五月	wǔ yuè	우 위에
6월	六月	liù yuè	리우 위에
7월	七月	qī yuè	치 위에
8월	八月	bā yuè	빠 위에
9월	九月	jiǔ yuè	지우 위에
10월	十月	shí yuè	스 위에
11월	十一月	shíyī yuè	스이 위에
12월	十二月	shí'èr yuè	스얼 위에
월, 달	月	yuè	위에
지지난 달	上上个月	shàng shàng ge yuè	상상 거 위에

지난 달	上个月	shàng ge yuè	샹 거 위에
이번 달	这个月	zhè ge yuè	쪄 거 위에
다음 달	下个月	xià ge yuè	씨아 거 위에
다다음 달	下下个月	xià xià ge yuè	씨아씨아 거 위에
한 달	一个月	yí ge yuè	이 거 위에
두 달	两个月	liǎng ge yuè	량 거 위에
매달	每月	měiyuè	메이위에

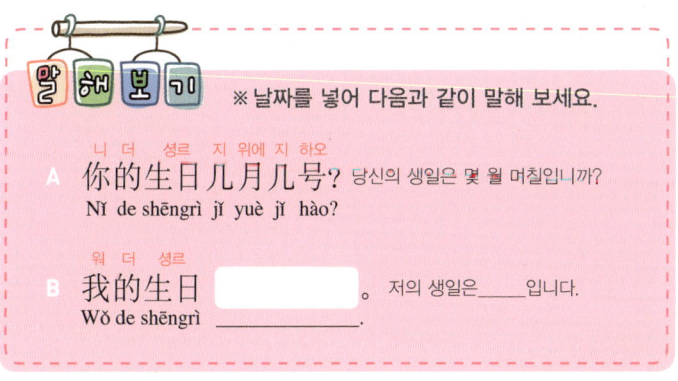

※ 날짜를 넣어 다음과 같이 말해 보세요.

니 더 셩르 지 위에 지 하오
A 你的生日几月几号? 당신의 생일은 몇 월 며칠입니까?
Nǐ de shēngrì jǐ yuè jǐ hào?

워 더 셩르
B 我的生日 _____. 저의 생일은 ____입니다.
Wǒ de shēngrì _____.

연, 해	年	nián	니엔
재작년	前年	qiánnián	치엔니엔
작년	去年	qùnián	취니엔
올해	今年	jīnnián	진니엔
내년	明年	míngnián	밍니엔
내후년	后年	hòunián	허우니엔
일 년	一年	yì nián	이 니엔
매년	每年	měinián	메이니엔
평년	平年	píngnián	핑니엔
신년	新年	xīnnián	씬니엔
연초	年初	niánchū	니엔츄
연말	年底	niándǐ	니엔디
1997년	一九九七年	yī jiǔ jiǔ qī nián	이 지우 지우 치 니엔
2009년	二零零九年	èr líng líng jiǔ nián	얼 링 링 지우 니엔

중국의 명절

▷ 元旦　　　yuándàn　　　신정(양력 1월 1일)
▷ 春节　　　chūnjié　　　설(음력 1월 1일)
▷ 元宵节　　yuánxiāojié　정월대보름(음력 1월 15일)
▷ 清明节　　qīngmíngjié　한식(양력 4월 5일)
▷ 端午节　　duānwǔjié　　단오(음력 5월 5일)
▷ 中秋节　　zhōngqiūjié　중추절(음력 8월 15일)

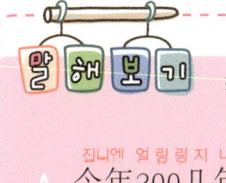

※ 연도를 넣어 다음과 같이 말해 보세요.

　　진니엔 얼 링 링 지 니엔
A 今年200几年?　올해는 2000 몇 년 입니까?
　Jīnnián èr líng líng jǐ nián?

　　진니엔
B 今年 _____ 。　올해는____입니다.
　Jīnnián_____.

계절/때

계절	季节	jìjié	찌지에
봄	春天	chūntiān	츈티엔
여름	夏天	xiàtiān	씨아티엔
가을	秋天	qiūtiān	치우티엔
겨울	冬天	dōngtiān	똥티엔
때	时候	shíhou	스허우
오전	上午	shàngwǔ	샹우
정오	中午	zhōngwǔ	쭝우
오후	下午	xiàwǔ	씨아우
새벽	早晨	zǎochén	자오천
	凌晨	língchén	링천
아침	早上	zǎoshang	자오상
낮	白天	báitiān	바이티엔
초저녁	傍晚	bàngwǎn	빵완
저녁	晚上	wǎnshang	완상

밤	夜晚	yèwǎn	예완
심야	半夜	bànyè	빤예
한밤중	午夜	wǔyè	우예
과거	过去	guòqù	꾸어취
현재	现在	xiànzài	씨엔짜이
미래	未来	wèilái	웨이라이
이전	以前	yǐqián	이치엔
이후	以后	yǐhòu	이허우
요즘, 최근	最近	zuìjìn	쭈이진

말해보기

※ 계절을 넣어 다음과 같이 말해 보세요.

니 시환 나 거 찌지에

A 你喜欢哪个季节? 당신은 어느 계절을 좋아하세요?
Nǐ xǐhuan nǎ ge jìjié?

워 시환

B 我喜欢 _____. 저는 ____을 좋아합니다.
Wǒ xǐhuan _____.

위치/방향

위쪽	上边	shàngbian	상비엔	❶
아래쪽	下边	xiàbian	씨아비엔	❷
앞쪽	前边	qiánbian	치엔비엔	❸
뒤쪽	后边	hòubian	허우비엔	❹
오른쪽	右边	yòubian	여우비엔	❺
왼쪽	左边	zuǒbian	주어비엔	❻
옆	旁边	pángbiān	팡비엔	❼
안쪽	里边	lǐbian	리비엔	
바깥쪽	外边	wàibian	와이비엔	
중간	中间	zhōngjiān	쫑지엔	
맞은편	对面	duìmiàn	뚜이미엔	
동쪽	东边	dōngbian	똥비엔	
서쪽	西边	xībian	씨비엔	
남쪽	南边	nánbian	난비엔	
북쪽	北边	běibian	베이비엔	

※ 그림을 보고 중국어로 말해 보세요.

※ 1~7까지의 단어를 넣어 다음과 같이 말해 보세요.

츠디엔 짜이 나알
A 词典在哪儿? 사전은 어디에 있습니까?
  Cídiǎn zài nǎr?

츠디엔 짜이 이즈
B 词典在椅子_____。 사전은 의자____에 있습니다.
  Cídiǎn zài yǐzi _____.

단위

한국어	중국어	병음	발음
킬로그램	公斤	gōngjīn	꽁진
그램	克	kè	커
밀리그램	毫克	háokè	하오커
킬로미터	公里	gōnglǐ	꽁리
미터	米	mǐ	미
센티미터	厘米	límǐ	리미
	公分	gōngfēn	꽁펀
밀리미터	毫米	háomǐ	하오미
인치	英寸	yīngcùn	잉춘
마일	英里	yīnglǐ	잉리
피트	英尺	yīngchǐ	잉츠
톤	吨	dūn	뚠
평방미터	平方米	píngfāngmǐ	핑팡미
킬로와트	千瓦	qiānwǎ	치엔와

길이	长度	chángdù	챵뚜
높이	高度	gāodù	까오뚜
크기	大小	dàxiǎo	따시아오
무게	重量	zhòngliàng	쭝량
깊이	深度	shēndù	션뚜
면적	面积	miànjī	미엔지
폭	宽度	kuāndù	콴뚜

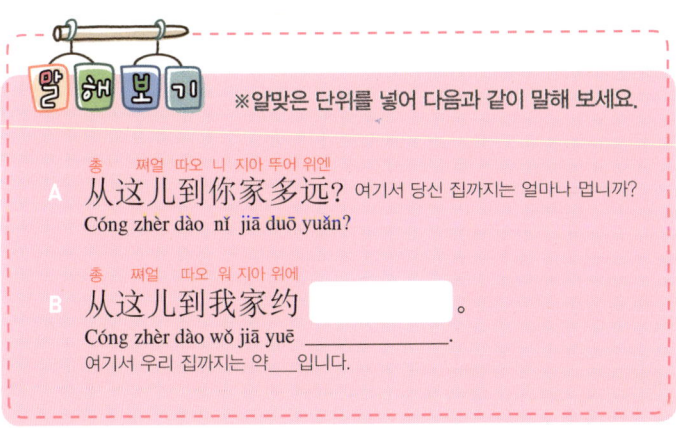

※알맞은 단어를 넣어 다음과 같이 말해 보세요.

총 쩌얼 따오 니 지아 뚜어 위엔
A 从这儿到你家多远? 여기서 당신 집까지는 얼마나 멉니까?
Cóng zhèr dào nǐ jiā duō yuǎn?

총 쩌얼 따오 워 지아 위에
B 从这儿到我家约　　　　　。
Cóng zhèr dào wǒ jiā yuē ＿＿＿＿＿＿.
여기서 우리 집까지는 약＿＿입니다.

띠	生肖	shēngxiào	성씨아오	
	属相	shǔxiàng	슈씨앙	
쥐	鼠	shǔ	슈	❶
소	牛	niú	니우	❷
호랑이	虎	hǔ	후	❸
토끼	兔	tù	투	❹
용	龙	lóng	롱	❺
뱀	蛇	shé	셔	❻
말	马	mǎ	마	❼
양	羊	yáng	양	❽
원숭이	猴	hóu	허우	❾
닭	鸡	jī	지	❿
개	狗	gǒu	거우	⓫
돼지	猪	zhū	쭈	⓬

말해보기
※ 그림을 보고 중국어로 말해 보세요.

※ 1~12까지의 단어를 넣어 다음과 같이 말해 보세요.

니 슈 션머
A **你属什么?** 당신은 무슨 띠 입니까?
　Nǐ shǔ shénme?

워 슈
B **我属 _____ 。** 저는 ____띠입니다.
　Wǒ shǔ _____.

기본 동사

보다	看	kàn	칸
말하다	说	shuō	슈어
듣다	听	tīng	팅
읽다	读	dú	두
쓰다	写	xiě	시에
묻다	问	wèn	원
먹다	吃	chī	츠
마시다	喝	hē	흐어
울다	哭	kū	쿠
웃다	笑	xiào	씨아오
입다	穿	chuān	츄안
벗다	脱	tuō	투어
가다	去	qù	취
오다	来	lái	라이

서다	站	zhàn	짠
앉다, 타다	坐	zuò	쭈어
달리다	跑	pǎo	파오
걷다, 가다	走	zǒu	저우
열다	开	kāi	카이
닫다	关	guān	꽌
사다	买	mǎi	마이
팔다	卖	mài	마이
주다	给	gěi	게이
받다	收	shōu	셔우
가르치다	教	jiāo	지아오
배우다	学	xué	쉬에
빌리다	借	jiè	찌에
돌려주다	还	huán	환

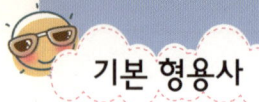

기본 형용사

높다	高	gāo	까오	❶
낮다	低	dī	띠	❷
길다	长	cháng	창	❸
짧다	短	duǎn	두안	❹
크다	大	dà	따	❺
작다	小	xiǎo	시아오	❻
많다	多	duō	뚜어	❼
적다	少	shǎo	사오	❽
무겁다	重	zhòng	쫑	❾
가볍다	轻	qīng	칭	❿
빠르다	快	kuài	콰이	⓫
느리다	慢	màn	만	⓬
이르다	早	zǎo	자오	
늦다	晚	wǎn	완	

※ 그림을 보고 중국어로 말해 보세요.

기본 형용사

멀다	远	yuǎn	위엔	❶
가깝다	近	jìn	찐	❷
두껍다	厚	hòu	허우	❸
얇다	薄	báo	바오	❹
넓다	宽	kuān	콴	❺
좁다	窄	zhǎi	쟈이	❻
굵다	粗	cū	추	❼
가늘다	细	xì	씨	❽
밝다	亮	liàng	량	❾
어둡다	暗	àn	안	❿
깊다	深	shēn	션	
얕다	浅	qiǎn	치엔	
한가하다	闲	xián	시엔	
바쁘다	忙	máng	망	

※ 그림을 보고 중국어로 말해 보세요.

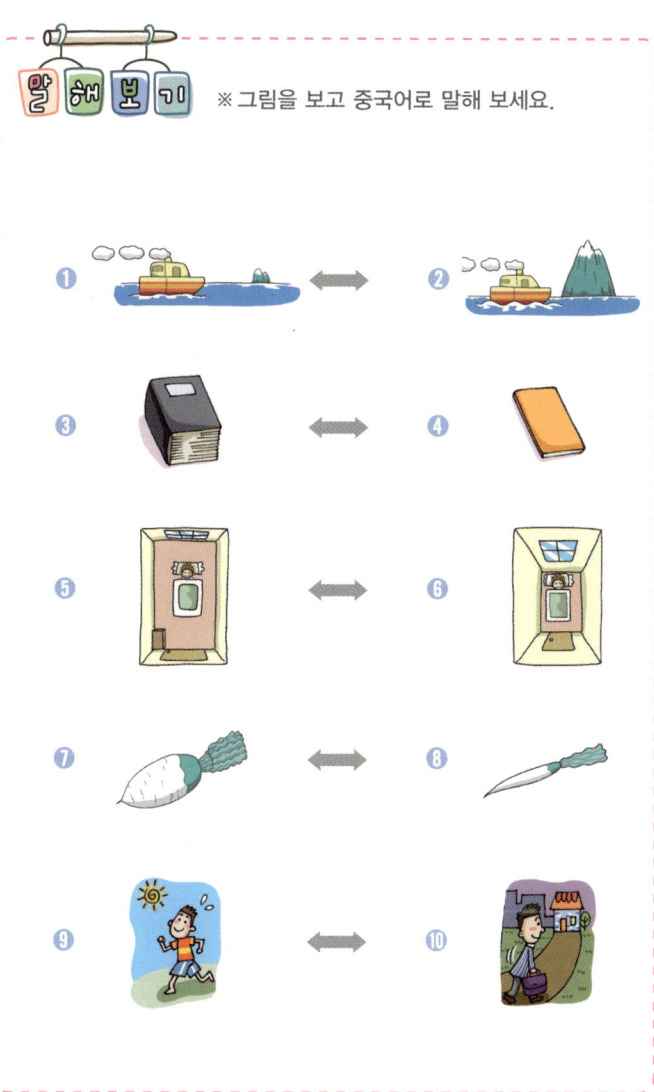

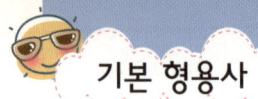

기본 형용사

좋다	好	hǎo	하오	❶
나쁘다	坏	huài	화이	❷
새롭다	新	xīn	씬	❸
오래되다	旧	jiù	찌우	❹
부드럽다	软	ruǎn	루안	❺
딱딱하다	硬	yìng	잉	❻
싸다	便宜	piányi	피엔이	❼
비싸다	贵	guì	꾸이	❽
뚱뚱하다	胖	pàng	팡	❾
마르다	瘦	shòu	셔우	❿
쉽다	容易	róngyì	롱이	
어렵다	难	nán	난	
강하다	强	qiáng	치앙	
약하다	弱	ruò	루어	

※ 그림을 보고 중국어로 말해 보세요.

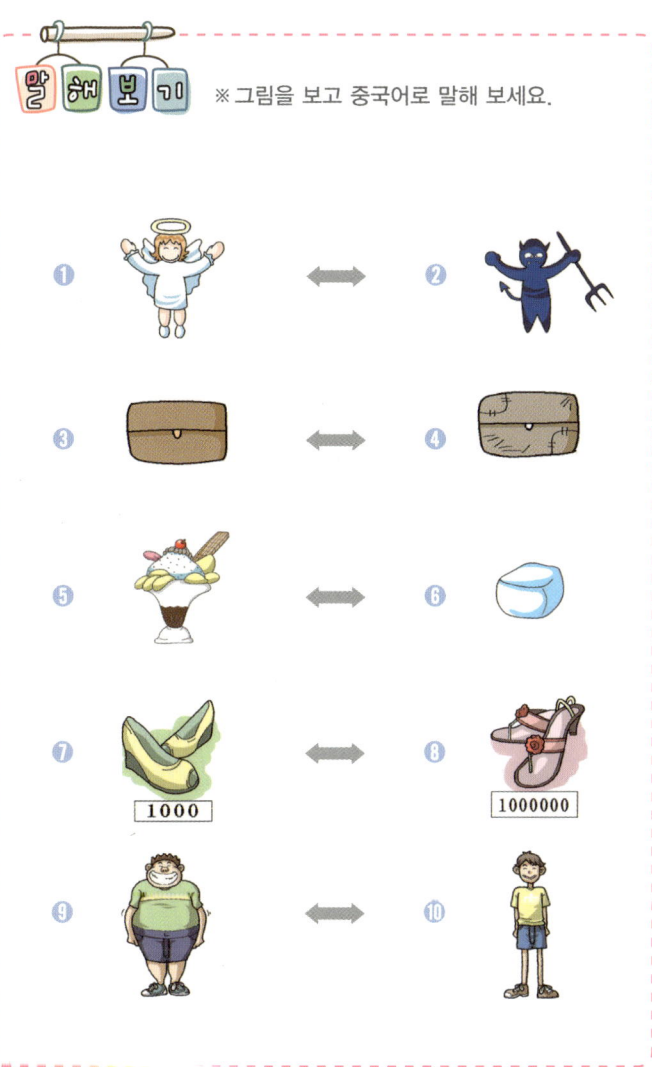

양사

| 개, 명 | 个 gè | 거 |

- 教室里有五个人。
Jiàoshìli yǒu wǔ ge rén。
찌아오스리 여우 우 거 런

교실에 다섯 명이 있다.

| 분 | 位 wèi | 웨이 |

- 这位是我爸爸。
Zhè wèi shì wǒ bàba。
쩌 웨이 스 워 빠바

이분은 저의 아빠입니다.

| 명(식구) | 口 kǒu | 커우 |

- 我家有五口人。
Wǒ jiā yǒu wǔ kǒu rén.
워 지아 여우 우 커우 런

우리 가족은 다섯 식구입니다.

| 권 | 本 běn | 번 |

- 我借了两本书。
Wǒ jiè le liǎng běn shū.
워 찌에 러 량 번 슈

나는 책 두 권을 빌렸다.

| 잔, 컵 | 杯 bēi | 뻬이 |

- 请给我一杯水。
Qǐng gěi wǒ yì bēi shuǐ.
칭 게이 워 이 뻬이 쉐이

물 한 잔 주세요.

| 병 | 瓶 píng | 핑 |

- 我要三瓶啤酒。
Wǒ yào sān píng píjiǔ.
워 야오 싼 핑 피지우

맥주 세 병 주세요.

| 벌, 건 | 件 jiàn | 찌엔 |

- 这件衣服多少钱?
Zhè jiàn yīfu duōshao qián?
쩌 찌엔 이푸 뚜어사오 치엔

이 옷 얼마예요?

| 장, 개 | 张 zhāng | 쨩 |

- 这张桌子是新买的。
Zhè zhāng zhuōzi shì xīn mǎi de.
쩌 쨩 쮸어즈 스 씬 마이 더

이 탁자는 새로 산 거야.

| 줄기, 가닥 | 条 tiáo | 티아오 |

- 这条裤子有点儿短。
Zhè tiáo kùzi yǒu diǎnr duǎn.
쩌 티아오 쿠즈 여우 디알 두안

이 바지는 좀 짧네요.

| 대, 량 | 辆 liàng | 량 |

- 我要买一辆自行车。
Wǒ yào mǎi yíliàng zìxíngchē.
워 야오 마이 이 량 쯔싱처

나 자전거 한 대 살 거야.

양사

| 통 | 封 fēng | 펑 |

- 我收到了一封信。
  Wǒ shōudào le yì fēng xìn.
  워 셔우따오 러 이 펑 씬

나는 편지 한 통을 받았다.

| 그릇 | 碗 wǎn | 완 |

- 今天我吃了两碗饭。
  Jīntiān wǒ chī le liǎng wǎn fàn.
  진티엔 워 츠 러 량 완 판

오늘 밥 두 그릇 먹었어.

| 켤레, 쌍 | 双 shuāng | 슈앙 |

- 这双鞋我可以试试吗?
  Zhè shuāng xié wǒ kěyǐ shìshi ma?
  쩌 슈앙 시에 워 커이 스스 마

이 신발 신어봐도 되요?

| 짝, 마리 | 只 zhī | 즈 |

- 我丢了一只袜子。
  Wǒ diū le yì zhī wàzi.
  워 띠우 러 이 즈 와즈

양말 한 짝을 잃어버렸어요.

| 편 | 篇 piān | 피엔 |

- 他发表了一篇论文。
  Tā fābiǎo le yì piān lùnwén.
  타 파비아오 러 이 피엔 룬원

그는 논문 한 편을 발표했다.

대명사

● 인칭대명사

단수				복수			
나	我	wǒ	워	우리들	我们	wǒmen	워먼
너	你	nǐ	니	너희들	你们	nǐmen	니먼
당신	您	nín	닌				
그	他	tā	타	그들	他们	tāmen	타먼
그녀	她	tā	타	그녀들	她们	tāmen	타먼
그것	它	tā	타	그것들	它门	tāmen	타먼

● 지시대명사

근칭				원칭			
이	这	zhè	쩌	그(저)	那	nà	나
이것	这个	zhège	쩌거	그(저)것	那个	nàge	나거
이것들	这些	zhèxiē	쩌씨에	그(저)것들	那些	nàxiē	나씨에
여기	这儿	zhèr	쩌얼	거(저)기	那儿	nàr	나알
이렇게	这么	zhème	쩌머	그(저)렇게	那么	nàme	나머

대명사

● 의문대명사

| 무엇 | 什么 shénme | 션머 |

- 你叫什么名字? 　　　　　이름이 뭐예요?
  Nǐ jiào shénme míngzi?
  니 찌아오 션머 밍즈

| 누구 | 谁 shuí / shéi | 쉐이 / 셰이 |

- 您找谁? 　　　　　　　　누구 찾으세요?
  Nín zhǎo shuí?
  닌 쟈오 쉐이

| 언제 | 什么时候 shénme shíhou | 션머 스허우 |

- 你什么时候有空? 　　　　언제 시간 있으세요?
  Nǐ shénme shíhou yǒu kòng?
  니 션머 스허우 여우 콩

| 왜 | 为什么 wèishénme | 웨이션머 |

- 你为什么回来了? 　　　　왜 돌아오셨어요?
  Nǐ wèishénme huílai le?
  니 웨이션머 훼이라이 러

| 어느 | 哪 nǎ | 나 |

- 你是哪国人? 　　　　　　어느 나라 사람이세요?
  Nǐ shì nǎ guó rén?
  니 스 나 구어 런

| 어디 | 哪儿, 哪里 nǎr, nǎli | 나알, 나리 |

· 你住哪儿?
Nǐ zhù nǎr?
니 쭈 나알

어디 사세요?

| 몇 | 多少 duōshao | 뚜어샤오 |

· 你的电话号码是多少?
Nǐ de diànhuà hàomǎ shì duōshao?
니 더 띠엔화 하오마 스 뚜어샤오

전화번호가 몇 번이죠?

| | 几 jǐ | 지 |

· 你家有几口人?
Nǐ jiā yǒu jǐ kǒu rén?
니 지아 여우 지 커우 런

식구가 몇 명이세요?

| 어떻게 | 怎么 zěnme | 전머 |

· 这个汉字怎么念?
Zhè ge Hànzì zěnme niàn?
쩌 거 한쯔 전머 니엔

이 한자 어떻게 읽죠?

| 어떻다 | 怎么样 zěnmeyàng | 전머양 |

· 他身体怎么样?
Tā shēntǐ zěnmeyàng?
타 션티 전머양

그의 건강은 어떻습니까?

부사

| ~도 | 也 yě | 예 |

- 我也不知道。
  Wǒ yě bùzhīdào.
  워 예 뿌즈따오

  나도 몰라.

| 다시, 더 | 再 zài | 짜이 |

- 请您再说一遍。
  Qǐng nín zài shuō yíbiàn.
  칭 닌 짜이 슈어 이비엔

  다시 한번 말씀해주세요.

| 또 | 又 yòu | 여우 |

- 今天他又没来。
  Jīntiān tā yòu méi lái.
  진티엔 타 여우 메이 라이

  오늘 그는 또 안 왔어.

| 아직, 여전히 | 还 hái | 하이 |

- 我还没吃饭呢。
  Wǒ hái méi chīfàn ne.
  워 하이 메이 츠판 너

  아직 밥 안 먹었어.

| 모두, 다 | 都 dōu | 떠우 |

- 他们都是中国人。
  Tāmen dōu shì Zhōngguórén.
  타먼 떠우 스 쫑구어런

  그들은 모두 중국인이야.

| 매우 | 很 hěn | 헌 |

- 今天天气很好。
Jīntiān tiānqì hěn hǎo.
진티엔 티엔치 헌 하오

오늘 날씨가 매우 좋다.

| 매우, 대단히 | 非常 fēicháng | 페이창 |

- 我非常高兴。
Wǒ fēicháng gāoxìng.
워 페이창 까오씽

나는 매우 기뻐.

| 너무 | 太 tài | 타이 |

- 她太瘦了。
Tā tài shòu le.
타 타이 셔우 러

그녀는 너무 말랐어.

| 더욱 | 更 gèng | 껑 |

- 今天比昨天更冷。
Jīntiān bǐ zuótiān gèng lěng.
진티엔 비 주어티엔 껑 렁

오늘은 어제보다 더 춥다.

| 가장 | 最 zuì | 쭈이 |

- 我最喜欢唱歌。
Wǒ zuì xǐhuan chànggē.
워 쭈이 시환 창꺼

나는 노래하는 걸 가장 좋아해.

Part 1 기본단어 _47

부사

| 정말 | 真 zhēn | 쩐 |

- 时间过得真快。
Shíjiān guò de zhēn kuài.
스지엔 꾸어 더 쩐콰이

시간이 정말 빨리 가는구나.

| 비교적 | 比较 bǐjiào | 비찌아오 |

- 最近我比较忙。
Zuìjìn wǒ bǐjiào máng.
쭈이진 워 비찌아오 망

요즘 저는 비교적 바쁩니다.

| 이미, 벌써 | 已经 yǐjīng | 이징 |

- 他已经回家了。
Tā yǐjīng huíjiā le.
타 이징 훼이지아 러

그는 이미 집에 갔어요.

| 결국, 마침내 | 终于 zhōngyú | 쭁위 |

- 他们俩终于结婚了。
Tāmen liǎ zhōngyú jiéhūn le.
타먼 랴 쭁위 지에훈 러

그들 둘은 마침내 결혼했어.

| 도대체, 결국 | 到底 dàodǐ | 따오디 |

- 你到底去不去?
Nǐ dàodǐ qù bu qù?
니 따오디 취 부 취

너는 도대체 갈 거니 안 갈 거니?

| 종종 | 常常 chángcháng | 창창 |

- 这儿常常下雨。
  Zhèr chángcháng xiàyǔ.
  쪄얼 창창 씨아위

이 곳은 종종 비가 내려.

| 단지, 다만 | 只 zhǐ | 즈 |

- 我只说了一句。
  Wǒ zhǐ shuō le yíjù.
  워 즈 슈어 러 이쥐

나는 단지 한 마디만 했다.

| 겨우, 가까스로 | 才 cái | 차이 |

- 你怎么现在才来啊!
  Nǐ zěnme xiànzài cái lái a!
  니 전머 씨엔짜이 차이 라이 아

너 어째서 이제서야 오니!

| 합쳐서, 모두 | 一共 yígòng | 이꿍 |

- 一共多少钱?
  Yígòng duōshao qián?
  이꿍 뚜어샤오 치엔

모두 얼마입니까?

| 함께 | 一起 yìqǐ | 이치 |

- 你跟谁一起去旅游?
  Nǐ gēn shuí yìqǐ qù lǚyóu?
  니 껀 쉐이 이치 취 뤼여우

너는 누구와 같이 여행가니?

접속사

| ~하고, ~하다 | 又~, 又~ yòu~, yòu~ 여우, 여우 |

- 这件衣服又贵，又不好看。
  Zhè jiàn yīfu yòu guì, yòu bù hǎokàn.
  쪄 찌엔 이푸 여우 꾸이, 여우 뿌 하오칸
  이 옷은 비싸고 안 예뻐.

| ~하면서, ~하다 | 一边~, 一边~ yìbiān~, yìbiān~ 이비엔, 이비엔 |

- 他一边唱歌，一边跳舞。
  Tā yìbiān chànggē, yìbiān tiàowǔ.
  타 이비엔 창꺼, 이비엔 티아오우
  그는 노래하면서 춤춘다.

| ~가 아니고, ~이다 | 不是~, 而是~ búshì~, érshì~ 부스, 얼스 |

- 他不是老师，而是学生。
  Tā búshì lǎoshī, érshì xuésheng.
  타 부스 라오스, 얼스 쉬에셩
  그는 선생님이 아니라 학생이다.

| ~가 아니면, ~이다 | 不是~, 就是~ búshì~, jiùshì~ 부스, 지우스 |

- 不是下雨，就是刮风。
  búshì xiàyǔ, jiùshì guāfēng.
  부스 씨아위, 지우스 꽈펑
  비가 오지 않으면 바람이 분다.

| ~뿐 아니라, 게다가 | 不但~, 而且~ búdàn~, érqiě~ 부딴, 얼치에 |

- 他不但长得帅，而且很聪明。
  Tā búdàn zhǎng de shuài, érqiě hěn cōngming.
  타 부딴 장 더 슈아이, 얼치에 헌 총밍
  그는 잘 생겼을 뿐 아니라 매우 똑똑하다.

| 비록 ~이지만 | 虽然~, 但是~ suīrán~, dànshì~ 쑤이란 딴스 |

- 大家虽然很累，但是都很愉快。
  Dàjiā suīrán hěn lèi, dànshì dōu hěn yúkuài.
  따지아 쑤이란 헌 레이, 딴스 떠우 헌 위콰이
  모두 피곤했지만 즐거웠다.

| ~때문에, 그래서 | 因为~, 所以~ yīnwèi~, suǒyǐ~ 인웨이, 쑤어이 |

- 因为身体不好，所以我没上学。
  Yīnwèi shēntǐ bù hǎo, suǒyǐ wǒ méi shàngxué.
  인웨이 션티 뿌 하오, 쑤어이 워 메이 상쉬에
  몸이 좋지 않아서 나는 학교에 가지 않았다.

| 만약~라면, ~한다 | 如果~那么(就)~ rúguǒ~, nàme(jiù)~ 루구어, 나머 |

- 如果你有空，就来我家玩儿吧。
  Rúguǒ nǐ yǒu kòng, jiù lái wǒ jiā wánr ba.
  루구어 니 여우 콩, 찌우 라이 워 지아 월 바
  시간 있으면 저희 집에 놀러오세요.

| 오직 ~만이, ~하다 | 只有~, 才~ zhǐyǒu~, cái~ 즈여우, 차이 |

- 只有他才做得到。
  Zhǐyǒu tā cái zuò de dào.
  즈여우 타 차이 쭈어 더 따오
  오직 그만이 해낼 수 있다.

| ~하기만 하면, ~한다 | 只要~, 就~ zhǐyào~, jiù~ 즈야오, 찌우 |

- 只要努力，就能学好汉语。
  Zhǐyào nǔlì, jiù néng xué hǎo Hànyǔ.
  즈야오 누리, 찌우 넝 쉬에 하오 한위
  노력만 하면 중국어를 마스터 할 수 있다.

인사말

| 안녕하세요. | · 你好!
Nǐhǎo! | 니 하오 |

| 잘 지내세요? | · 你好吗?
Nǐ hǎo ma? | 니 하오 마 |

| 건강은 어떠세요? | · 你身体好吗?
Nǐ shēntǐ hǎo ma? | 니 션티 하오 마 |

| 안녕히 가세요(계세요) | · 再见!
Zàijiàn! | 짜이찌엔 |

| 안녕히 주무세요. | · 晚安!
Wǎn ān! | 완안 |

| 조심히 가세요. | · 请慢走。
Qǐng màn zǒu. | 칭 만 저우 |

| 주말 잘 보내세요. | · 周末愉快!
Zhōumò yúkuài! | 쩌우모 위콰이 |

| 감사합니다. | · 谢谢
Xièxie! | 씨에시에 |

미안합니다.	对不起。 Duìbuqǐ.	뚜이부치
만나서 반갑습니다.	认识您很高兴。 Rènshi nín hěn gāoxìng.	런스 닌 헌 까오씽
오랜만입니다.	好久不见了。 Hǎo jiǔ bújiàn le.	하오 지우 부 찌엔 러
처음 뵙겠습니다.	初次见面。 Chūcì jiànmiàn.	츄츠 찌엔미엔
잘 부탁합니다.	请多关照。 Qǐng duō guānzhào.	칭 뚜어 꽌짜오
수고하셨어요.	辛苦了。 Xīnkǔ le.	신쿠 러
몸조심 하세요.	保重身体。 Bǎozhòng shēntǐ.	바오쫑 션티

실력확인

1. 명사에 해당하는 양사를 맞게 연결해보세요.

   ① 书　　　•　　　　•　封
   ② 衣服　•　　　　•　本
   ③ 茶　　　•　　　　•　辆
   ④ 信　　　•　　　　•　件
   ⑤ 自行车　•　　　　•　杯

2. 다음 시간을 중국어로 쓰세요.

   ① 7시 45분
   ② 2시 50분
   ③ 6시 20분
   ④ 11시 35분
   ⑤ 3시 15분
   ⑥ 12시 30분

3. 다음 표의 (　　)안에 들어갈 알맞은 말을 중국어로 쓰세요.

日	① (　　)	昨天	今天	明天	后天
周	上上个星期	上个星期	这个星期	下个星期	② (　　)
月	上上个月	上个月	③ (　　)	下个月	下下个月
年	前年	④ (　　)	今年	明年	后年

4. 다음 날짜와 요일을 중국어로 쓰세요.

① 9월 11일 화요일

② 4월 7일 수요일

③ 8월 18일 월요일

④ 12월 30일 토요일

⑤ 3월 22일 일요일

실력확인

5. 반대말을 찾아 연결해 보세요.

① 长 •   • 轻
② 重 •   • 少
③ 新 •   • 短
④ 远 •   • 旧
⑤ 多 •   • 近

6. (　　)안에 알맞은 단어를 넣으세요.

① 你叫(　　)名字?

② 请您(　　)说一遍。

③ 这个汉字(　　)念?

④ 你(　　)去不去?

⑤ 你的电话号码是(　　)?

⑥ 他们俩(　　)结婚了。

⑦ 你跟谁(　　)去旅游?

PART 2 가족과 인간관계

가족/친척

할아버지	爷爷	yéye	예예	❶
할머니	奶奶	nǎinai	나이나이	❷
아버지	爸爸	bàba	빠바	❸
	父亲	fùqīn	푸친	
어머니	妈妈	māma	마마	❹
	母亲	mǔqīn	무친	
형/오빠	哥哥	gēge	꺼거	❺
언니/누나	姐姐	jiějie	지에지에	❻
남동생	弟弟	dìdi	띠디	❼
여동생	妹妹	mèimei	메이메이	❽
형제	兄弟	xiōngdì	씨옹띠	
자매	姐妹	jiěmèi	지에메이	
남매	兄妹	xiōngmèi	씨옹메이	
쌍둥이	双胞胎	shuāngbāotāi	슈앙빠오타이	

 ※그림을 보고 중국어로 말해 보세요.

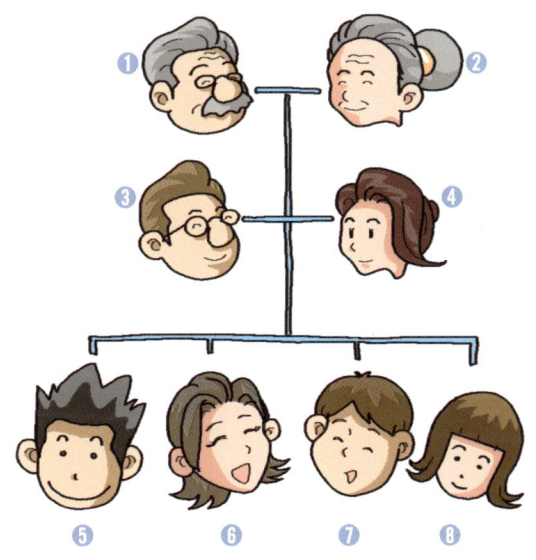

※1~8까지의 단어를 넣어 다음과 같이 말해 보세요.

A 他(她)是谁? 그(그녀)는 누구입니까?
    타   스 쉐이
   Tā(tā)　shì shuí?

B 他(她)是我_____。 그(그녀)는 저의____입니다.
    타   스 워
   Tā(tā)　shì wǒ _____.

가족/친척

부모	父母	fùmǔ	푸무
부부	夫妇	fūfù	푸푸
남편	丈夫	zhàngfu	짱푸
	老公	lǎogōng	라오꿍
부인	妻子	qīzi	치즈
	老婆	lǎopo	라오포
자녀	孩子	háizi	하이즈
	子女	zǐnǚ	즈뉘
아들	儿子	érzi	얼즈
딸	女儿	nǚ'ér	뉘얼
며느리	儿媳妇	érxífu	얼시푸
사위	女婿	nǚxù	뉘쒸
손자	孙子	sūnzi	쑨즈
손녀	孙女	sūnnǚ	쑨뉘

외할아버지	姥爷	lǎoye	라오예
	外公	wàigōng	와이꽁
외할머니	姥姥	lǎolao	라오라오
	外婆	wàipó	와이포
시아버지	公公	gōnggong	꽁꽁
시어머니	婆婆	pópo	포포
큰아버지	伯父	bófù	보푸
작은아버지	叔叔	shūshu	슈슈
고모	姑姑	gūgu	꾸구
외삼촌	舅舅	jiùjiu	찌우지우
이모	姨妈	yímā	이마
사촌형제	堂兄弟	tángxiōngdì	탕 씨옹띠
외사촌형제	表兄弟	biǎoxiōngdì	비아오 씨옹띠
조카	侄儿	zhí'ér	즈얼
조카(여)	侄女	zhínǚ	즈뉘

Part 2 가족과 인간관계 _61

인간관계

친구	朋友	péngyou	펑여우
남자	男的	nánde	난더
여자	女的	nǔde	뉘더
남학생	男生	nánshēng	난성
여학생	女生	nǔshēng	뉘성
결혼상대	对象	duìxiàng	뚜이씨앙
연인	恋人	liànrén	리엔런
남자 친구	男朋友	nánpéngyou	난펑여우
여자 친구	女朋友	nǔpéngyou	뉘펑여우
아저씨	叔叔	shūshu	슈슈
아주머니	阿姨	āyí	아이
젊은이	年轻人	niánqīngrén	니엔칭런
아가씨	小姐	xiǎojiě	시아오지에
총각	小伙子	xiǎohuǒzi	시아오후어즈

한국어	중국어	병음	발음
노인	老年人	lǎoniánrén	라오니엔런
어른	大人	dàrén	따런
어린아이	小孩子	xiǎoháizi	시아오하이즈
	小朋友	xiǎopéngyou	시아오펑여우
유부남	有妇之夫	yǒu fù zhī fū	여우 푸 즈 푸
유부녀	有夫之妇	yǒu fū zhī fù	여우 푸 즈 푸
선생님	老师	lǎoshī	라오스
제자	徒弟	túdì	투띠
동료	同事	tóngshì	통스
상사	上级	shàngjí	샹지
부하	下级	xiàjí	씨아지
급우	同学	tóngxué	통쉬에
이웃	邻居	línjū	린쥐
고향사람	老乡	lǎoxiāng	라오씨앙

Part 2 가족과 인간관계 _63

인간관계

| 알다 | 认识 | rènshi | 런스 |

· 他认识很多人。
Tā rènshi hěn duō rén.
타 런스 헌 뚜어 런
그는 많은 사람들을 알고 있다.

| 인사하다 | 打招呼 | dǎ zhāohu | 다 자오후 |

· 你怎么不跟他打招呼?
Nǐ zěnme bù gēn tā dǎ zhāohu?
니 전머 뿌 껀 타 다 쨔오후
너 왜 그한테 인사 안 하니?

| 만나다 | 见面 | jiànmiàn | 찌엔미엔 |

· 我们多年没见面了。
Wǒmen duō nián méi jiànmiàn le.
워먼 뚜어 니엔 메이 찌엔미엔 러
우리는 여러 해 동안 만나지 못했다.

| 사귀다 | 交, 交往 | jiāo, jiāowǎng | 지아오, 지아오왕 |

· 他喜欢交朋友。
Tā xǐhuan jiāo péngyou.
타 시환 지아오 펑여우
그는 친구 사귀는 것을 좋아한다.

| 헤어지다 | 分手 | fēnshǒu | 펀셔우 |

· 我跟他分手了。
Wǒ gēn tā fēnshǒu le.
워 껀 타 펀셔우 러
나는 그와 헤어졌어요.

| 소개하다 | 介绍 | jièshào | 찌에샤오 |

- 我来介绍一下儿。
  Wǒ lái jièshào yíxiàr.
  워 라이 찌에샤오 이시알
  제가 소개하겠습니다.

| 약속하다 | 约(定) | yuē(dìng) | 위에(띵) |

- 我们约好三点见面。
  Wǒmen yuēhǎo sān diǎn jiànmiàn.
  워먼 위에하오 싼 디엔 찌엔미엔
  우리는 3시에 만나기로 약속했어요.

| 환영하다 | 欢迎 | huānyíng | 환잉 |

- 你什么时候来都欢迎。
  Nǐ shénme shíhou lái dōu huānyíng.
  니 션머 스허우 라이 떠우 환잉
  네가 언제오든 늘 환영해.

| 초대하다 | 邀请 | yāoqǐng | 야오칭 |

- 他拒绝了我的邀请。
  Tā jùjué le wǒ de yāoqǐng.
  타 쮜쮜에 러 워 더 야오칭
  그는 내 초대를 거절했어요.

| 말다툼하다 | 吵架 | chǎojià | 차오찌아 |

- 他和妻子经常吵架。
  Tā hé qīzi jīngcháng chǎojià.
  타 허 치즈 찡창 차오찌아
  그는 아내와 자주 말다툼을 해.

사람의 일생

일생	一生	yìshēng	이셩
인생	人生	rénshēng	런셩
청춘	青春	qīngchūn	칭춘
청소년	青少年	qīngshàonián	칭샤오니엔
사춘기	青春期	qīngchūnqī	칭춘치
환갑	花甲	huājiǎ	화지아
결혼식	婚礼	hūnlǐ	훈리
장례식	葬礼	zànglǐ	짱리
무덤	坟墓	fénmù	펀무
유언	遗言	yíyán	이옌
나이	年纪	niánjì	니엔찌
생일	生日	shēngrì	셩르
기회	机会	jīhuì	지훼이
생활하다	生活	shēnghuó	셩후어

태어나다	出生	chūshēng	츄셩
자라다	成长	chéngzhǎng	쳥장
연애하다	谈恋爱	tán liàn'ài	탄 리엔아이
약혼하다	订婚	dìnghūn	띵훈
결혼하다	结婚	jiéhūn	지에훈
이혼하다	离婚	líhūn	리훈
임신하다	怀孕	huáiyùn	화이윈
	有(喜)了	yǒu(xǐ)le	여우(시)러
아이를 낳다	生孩子	shēng háizi	셩 하이즈
아이를 키우다	养育	yǎngyù	양위
늙다	老	lǎo	라오
죽다	死	sǐ	쓰
	去世	qùshì	취스

실력확인

1. 서로 맞는 단어끼리 연결하세요.

① 남편 •　　　　• 儿媳妇

② 아들 •　　　　• 朋友

③ 며느리 •　　　　• 丈夫

④ 친구 •　　　　• 同事

⑤ 이웃 •　　　　• 年轻人

⑥ 젊은이 •　　　　• 儿子

⑦ 동료 •　　　　• 邻居

2. 밑줄 친 단어를 중국어로 쓰세요.

① 남자친구하고 <u>헤어지다</u>　　　

② 집으로 <u>초대하다</u>　　　

③ 친구와 <u>사귀다</u>　　　

④ 약혼자를 <u>소개하다</u>　　　

⑤ 친구와 <u>말다툼하다</u>

PART 3 사람의 몸

얼굴

머리카락	头发	tóufa	터우파	❶
얼굴	脸	liǎn	리엔	❷
눈	眼睛	yǎnjing	옌징	❸
코	鼻子	bízi	비즈	❹
입	嘴	zuǐ	주이	❺
귀	耳朵	ěrduo	얼뚜어	❻
볼, 뺨	面颊	miànjiá	미엔지아	❼
입술	嘴唇	zuǐchún	주이춘	❽
이마	额头	étou	어터우	❾
턱	下巴	xiàba	씨아바	❿
눈썹	眉毛	méimao	메이마오	
이	牙齿	yáchǐ	야츠	
혀	舌头	shétou	셔터우	
피부	皮肤	pífū	피푸	

※ 그림을 보고 중국어로 말해 보세요.

※ 1~8까지의 단어를 넣어 다음과 같이 말해 보세요.

니 더　　　　　　　　장 더 쩐 피아오량
A 你的 _____ 长得真漂亮!
　Nǐ de _____ zhǎng de zhēn piàoliang!

____가 정말 예쁘게 생겼네요.

　　나리　나리
B 哪里哪里。 별 말씀을요.
　Nǎli　nǎli.

Part 3 사람의 몸 _71

신체

머리	头	tóu	터우	❶
목	脖子	bózi	보즈	❷
어깨	肩膀	jiānbǎng	지엔방	❸
가슴	胸	xiōng	씨옹	❹
등	背	bèi	뻬이	❺
배	肚子	dùzi	뚜즈	❻
팔	胳膊	gēbo	꺼보	❼
다리	腿	tuǐ	퉤이	❽
손	手	shǒu	셔우	❾
엉덩이	屁股	pìgu	피구	❿
허리	腰	yāo	야오	⓫
무릎	膝盖	xīgài	씨까이	⓬
발	脚	jiǎo	지아오	⓭

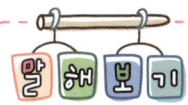※ 그림을 보고 중국어로 말해 보세요.

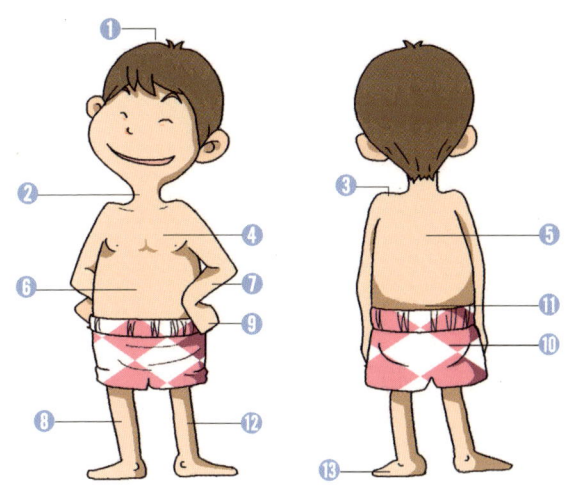

※ 1~13까지의 단어를 넣어 다음과 같이 말해 보세요.

    니   나얼 뿌   슈푸
A 你哪儿不舒服? 어디가 불편하세요?
    Nǐ nǎr   bù shūfu?

  워   여우 디얼 텅
B 我 ⬜⬜⬜⬜⬜⬜ 有点儿疼。 저는 ___가 좀 아픕니다.
  Wǒ _____ yǒudiǎnr téng.

신체

뇌	脑	nǎo	나오	❶
심장	心脏	xīnzàng	신짱	❷
폐	肺	fèi	페이	❸
위	胃	wèi	웨이	❹
십이지장	十二指肠	shí'èr zhǐcháng	스얼 즈챵	❺
대장	大肠	dàcháng	따챵	❻
소장	小肠	xiǎocháng	시아오챵	❼
간장	肝脏	gānzàng	깐짱	❽
신장	肾脏	shènzàng	션짱	❾
뼈	骨头	gǔtou	구터우	❿
관절	关节	guānjié	꽌지에	⓫
혈액	血液	xuèyè	쉬에예	⓬
근육	肌肉	jīròu	지러우	⓭

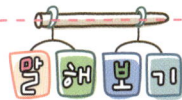 ※ 그림을 보고 중국어로 말해 보세요.

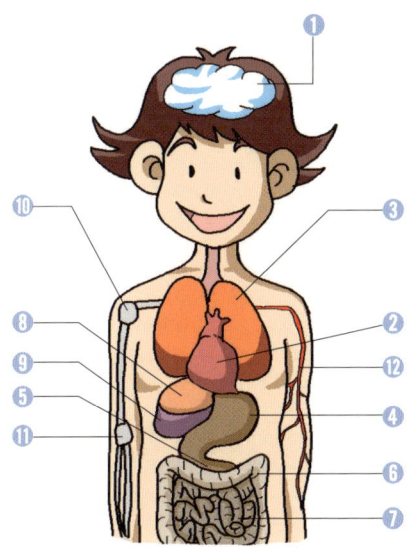

※ 1~11까지의 단어를 넣어 다음과 같이 말해 보세요.

칭 닌 슈어 이 슈어 　　　　　 더 쭈어용
请您说一说_____的作用。
Qǐng nín shuō yi shuō _____ de zuòyòng.
_____의 기능에 대해 말해보세요.

신체 동작

| 서다 | 站 zhàn | 짠 |

· 站在讲台上 강단에 서다
zhàn zài jiǎngtái shang
짠 짜이 지앙타이 상

| 앉다 | 坐 zuò | 쭈어 |

· 坐在椅子上 의자에 앉다
zuò zài yǐzi shang
쭈어 짜이 이즈 상

| 눕다 | 躺 tǎng | 탕 |

· 躺在床上 침대에 눕다
tǎng zài chuáng shang
탕 짜이 츄앙 상

| 걷다 | 走 zǒu | 저우 |

· 往前走 앞으로 걸어가다
wǎng qián zǒu
왕 치엔 저우

| 달리다 | 跑 pǎo | 파오 |

· 跑得快 빨리 달리다
pǎo de kuài
파오 더 콰이

| 차다 | 踢 | tī | 티 |

- 踢球 공을 차다
  tīqiú
  티치우

| 업다, 지다 | 背 | bēi | 뻬이 |

- 背书包 책가방을 지다
  bēi shūbāo
  뻬이 슈빠오

| 굽히다 | 弯 | wān | 완 |

- 弯腰 허리를 굽히다
  wānyāo
  완야오

| 돌리다 | 转 | zhuǎn | 쥬안 |

- 转身 몸을 돌리다
  zhuǎnshēn
  쥬안션

| 흔들다 | 挥 | huī | 후이 |

- 挥手 손을 흔들다
  huīshǒu
  훼이서우

Part 3 사람의 몸

신체 동작

| 들다 | 举 | jǔ | 쥐 |

- 举国旗
 jǔ guóqí
 쥐 구어치
 국기를 들다

| 가리키다 | 指 | zhǐ | 즈 |

- 指黑板
 zhǐ hēibǎn
 즈 헤이반
 칠판을 가리키다

| 던지다 | 投 | tóu | 터우 |

- 投石头
 tóu shítou
 터우 스터우
 돌을 던지다

| 뿌리다 | 撒 | sǎ | 싸 |

- 撒种
 sǎzhǒng
 싸종
 씨를 뿌리다

| 묶다, 매다 | 系 | jì | 찌 |

- 系腰带
 jì yāodài
 찌 야오따이
 허리띠를 매다

| 걸다 | 挂 | guà | 꽈 |

- 挂衣服
  guà yīfu
  꽈 이푸
  옷을 걸다

| 때리다 | 打 | dǎ | 다 |

- 打他一顿
  dǎ tā yídùn
  다 타 이뚠
  그를 한 차례 때리다

| 누르다 | 按 | àn | 안 |

- 按门铃
  àn ménlíng
  안 먼링
  초인종을 누르다

| 줍다 | 捡 | jiǎn | 지엔 |

- 捡东西
  jiǎn dōngxi
  지엔 똥시
  물건을 줍다

| 펴다 | 伸 | shēn | 션 |

- 伸懒腰
  shēn lǎnyāo
  션 란야오
  기지개를 펴다

Part 3 사람의 몸 _79

실력확인

1. 그림을 보고 신체의 명칭을 중국어로 쓰세요.

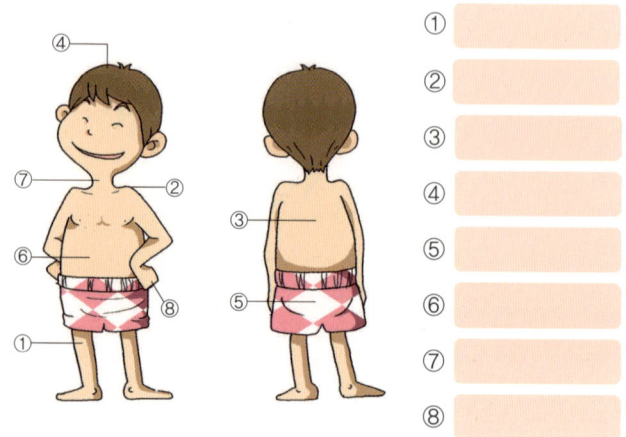

①
②
③
④
⑤
⑥
⑦
⑧

2. 아래 단어를 중국어로 쓰세요.

① 서다
② 눕다
③ 던지다
④ 차다
⑤ 때리다
⑥ 뿌리다
⑦ 매다

PART 4 건강

신체의 상태

아프다	疼	téng	텅
	痛	tòng	통
피곤하다	累	lèi	레이
감기 걸리다	得感冒	dé gǎnmào	더 간마오
	着凉	zháoliáng	자오량
기침하다	咳嗽	késou	커서우
머리가 아프다	头疼	tóuténg	터우텅
이가 아프다	牙疼	yáténg	야텅
오한이 나다	发冷	fālěng	파렁
배 아프다	肚子疼	dùzi téng	뚜즈 텅
설사하다	拉肚子	lā dùzi	라 뚜즈
목이 아프다	嗓子疼	sǎngzi téng	상즈 텅
목이 쉬다	嗓子哑了	sǎngzi yǎ le	상즈 야 러
열나다	发烧	fāshāo	파샤오

한국어	中文	병음	발음
어지럽다	头晕	tóuyūn	터우윈
기절하다	晕倒	yūndǎo	윈다오
삐다	扭伤	niǔshāng	니우샹
허리를 삐끗하다	闪腰	shǎnyāo	샨야오
매스껍다	恶心	ěxin	어신
토하다	呕吐	ǒutù	오우투
가렵다	痒	yǎng	양
쑤시고 아프다	酸痛	suāntòng	쑤안통
마비되다/저리다	发麻	fāmá	파마
재발하다	复发	fùfā	푸파
염증 나다	发炎	fāyán	파옌
병이 호전되다	好转	hǎozhuǎn	하오쥬안
완쾌되다	痊愈	quányù	취엔위
	康复	kāngfù	캉푸

Part 4 건강 _83

생리 현상

숨 쉬다	呼吸	hūxī	후시
땀이 나다	出汗	chūhàn	츄한
식은땀이 나다	出冷汗	chū lěnghàn	츄 렁한
눈물을 흘리다	流泪	liúlèi	리우레이
콧물 훌쩍이다	抽鼻涕	chōu bítì	쳐우 비티
코를 골다	打鼾	dǎhān	다한
	打呼噜	dǎ hūlu	다 후루
침을 흘리다	流口水	liú kǒushuǐ	리우 커우쉐이
재채기하다	打喷嚏	dǎ pēntì	다 펀티
하품하다	打哈欠	dǎ hāqian	다 하치엔
딸꾹질하다	打嗝儿	dǎgér	다꺼얼
트림하다	打饱嗝	dǎ bǎogé	다 바오거
방귀를 뀌다	放屁	fàngpì	팡피
대·소변(을 보다)	大小便	dàxiǎobiàn	따시아오삐엔

병원

한국어	중국어	병음	발음
접수하다	挂号	guàhào	꽈하오
치료하다	治疗	zhìliáo	쯔리아오
검사하다	检查	jiǎnchá	지엔차
진찰받다/하다	看病	kànbìng	칸삥
처방전을 내다	开处方	kāi chǔfāng	카이 츄팡
체온을 재다	量体温	liáng tǐwēn	량 티원
주사 맞다	打针	dǎzhēn	다쩐
링겔을 맞다	打吊针	dǎ diàozhēn	다 띠아오쩐
입원하다	住院	zhùyuàn	쭈위엔
퇴원하다	出院	chūyuàn	츄위엔
엑스레이를 찍다	拍 X光	pāi X guāng	파이 X꾸왕
	拍片子	pāi piānzi	파이 피엔즈
응급처치하다	急救	jíjiù	지찌우

병원

병원	医院	yīyuàn	이위엔	❶
외래	门诊	ménzhěn	먼전	❷
대기실	候诊室	hòuzhěnshì	허우전스	❸
주사실	注射室	zhùshèshì	쮸셔스	❹
응급실	急诊室	jízhěnshì	지전스	❺
접수처	挂号处	guàhàochù	꽈하오츄	❻
수납처	收款处	shōukuǎnchù	셔우콴츄	❼
약국	药房	yàofáng	야오팡	❽
의사	医生	yīshēng	이성	
	大夫	dàifu	따이푸	
간호사	护士	hùshi	후스	
환자	病人	bìngrén	삥런	
수술	手术	shǒushù	셔우슈	
진단서	诊断书	zhěnduànshū	전뚜안슈	

진료과

한국어	中文	拼音	발음
▷ 내과	内科	nèikē	네이커
▷ 외과	外科	wàikē	와이커
▷ 정형외과	骨科	gǔkē	구커
▷ 성형외과	整容外科	zhěngróng wàikē	정롱 와이커
▷ 피부과	皮肤科	pífūkē	피푸커
▷ 소아과	小儿科	xiǎo'érkē	시아오얼커
▷ 산부인과	妇产科	fùchǎnkē	푸찬커
▷ 비뇨기과	泌尿科	mìniàokē	미니아오커
▷ 안과	眼科	yǎnkē	옌커
▷ 이비인후과	耳鼻喉科	ěrbíhóukē	얼비허우커
▷ 치과	牙科	yákē	야커

말해보기

※ 1~8까지의 단어를 넣어 다음과 같이 말해 보세요.

A
칭 원　　　　　　　　　　　짜이 나알
请问, _____ 在哪儿?
Qǐng wèn,　　　　　zài nǎr?
말씀 좀 묻겠습니다. _____이(가) 어디에 있나요?

B
찌우 짜이 나알
就在那儿。 바로 저기 있습니다.
Jiù zài nàr.

질병

병	病	bìng	삥
감기	感冒	gǎnmào	간마오
빈혈	贫血	pínxuè	핀쉬에
식중독	食物中毒	shíwù zhòngdú	스우 쫑두
위궤양	胃溃疡	wèikuìyáng	웨이쿠이양
고혈압	高血压	gāoxuèyā	까오쉬에야
당뇨병	糖尿病	tángniàobìng	탕니아오삥
천식	气喘	qìchuǎn	치츄안
폐렴	肺炎	fèiyán	페이옌
심장병	心脏病	xīnzàngbìng	신짱삥
암	癌症	áizhèng	아이쩡
에이즈	艾滋病	àizībìng	아이쯔삥
백혈병	白血病	báixuèbìng	바이쉬에삥
홍역	麻疹	mázhěn	마전

한국어	中文	拼音	발음
거식증	厌食症	yànshízhèng	옌스쩡
불면증	失眠症	shīmiánzhèng	스미엔쩡
자폐증	孤独症	gūdúzhèng	꾸두쩡
맹장염	盲肠炎	mángchángyán	망창옌
결막염	结膜炎	jiémóyán	지에모옌
편도선염	扁桃腺炎	biǎntáoxiànyán	비엔타오씨엔옌
중이염	中耳炎	zhōng'ěryán	쭝얼옌
관절염	关节炎	guānjiéyán	꽌지에옌
기관지염	支气管炎	zhīqìguǎnyán	즈치관옌
발암물질	致癌物	zhì'áiwù	쯔아이우
종양	肿瘤	zhǒngliú	죵리우
종기	疙瘩	gēda	꺼다
알레르기	过敏	guòmǐn	꾸어민
바이러스	病毒	bìngdú	삥두
병원균	病菌	bìngjūn	삥쥔

Part 4 건강

의약품

감기약	感冒药	gǎnmàoyào	간마오야오
두통약	头疼药	tóuténgyào	터우텅야오
변비약	便秘药	biànmìyào	삐엔미야오
설사약	止泻药	zhǐxièyào	즈씨에야오
안약	眼药水	yǎnyàoshuǐ	옌야오쉐이
소독약	消毒药	xiāodúyào	씨아오두야오
	消毒剂	xiāodújì	씨아오두지
소화제	消化剂	xiāohuàjì	씨아오화지
수면제	安眠药	ānmiányào	안미엔야오
항생제	抗菌素	kàngjūnsù	캉쥔쑤
해열제	退烧药	tuìshāoyào	퉤이샤오야오
진통제	止痛药	zhǐtòngyào	즈통야오
연고	软膏	ruǎngāo	루안까오
반창고	胶布	jiāobù	지아오뿌

실력확인

1. 그림을 보고 상황에 맞는 단어를 쓰세요.

① 재채기하다.

② 머리가 아프다.

③ 하품을 하다.

④ 땀이 나다.

⑤ 코를 골다.

⑥ 눈물을 흘리다.

실력확인

2. 서로 맞는 것을 연결해 보세요.

① 주사실 •　　　• 医生
② 의사　 •　　　• 手术
③ 간호사 •　　　• 贫血
④ 빈혈　 •　　　• 感冒
⑤ 감기　 •　　　• 注射室
⑥ 수술　 •　　　• 护士

3. 증상에 맞는 약을 찾아 연결하세요.

① 설사하다　　•　　　• 眼药水
② 눈이 아프다　•　　　• 退烧药
③ 소화가 안된다 •　　　• 止泻药
④ 몸이 아프다　•　　　• 消化剂
⑤ 열이 있다　　•　　　• 止痛药

PART 5 감정

성격

한국어	중국어	병음	발음
활발하다	活泼	huópo	후어포
명랑하다	开朗	kāilǎng	카이랑
적극적이다	积极	jījí	지지
시원스럽다	干脆	gāncuì	깐추이
대범하다	大方	dàfang	따팡
자상하다	体贴	tǐtiē	티티에
온화하다	温和	wēnhé	원허
상냥하다	温柔	wēnróu	원러우
솔직하다	坦白	tǎnbái	탄바이
정직하다	坦率	tǎnshuài	탄슈아이
친절하다	亲切	qīnqiè	친치에
	热情	rèqíng	러칭
성실하다	诚实	chéngshí	청스
예의 바르다	有礼貌	yǒu lǐmào	여우 리마오
단호하다	坚决	jiānjué	지엔쥐에

용감하다	勇敢	yǒnggǎn	용간
겸허하다	谦虚	qiānxū	치엔쒸
성격이 급하다	性急	xìngjí	씽지
내성적이다	内向	nèixiàng	네이씨앙
무뚝뚝하다	倔巴	juèba	쮜에바
소심하다	小气	xiǎoqì	시아오치
겁이 많다	胆怯	dǎnqiè	단치에
냉정하다	冷淡	lěngdàn	렁딴
거만하다	骄傲	jiāo'ào	지아오아오
고집이 세다	倔强	juéjiàng	쮜에찌앙

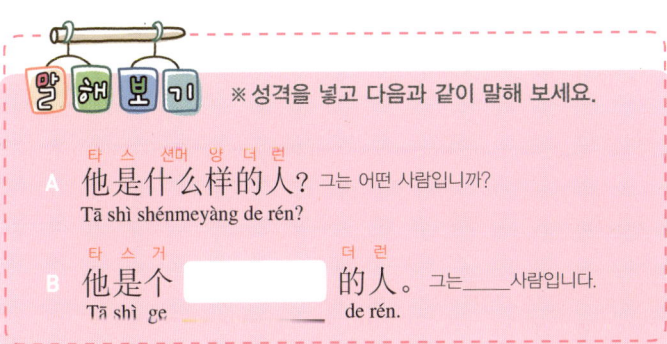

※ 성격을 넣고 다음과 같이 말해 보세요.

A 他是什么样的人? 그는 어떤 사람입니까?
　 Tā shì shénmeyàng de rén?

B 他是个＿＿＿的人。 그는 ＿＿＿사람입니다.
　 Tā shì ge ＿＿＿ de rén.

감정

뜻	한자	병음	발음
사랑하다	爱	ài	아이
좋아하다	喜欢	xǐhuan	시환
즐겁다	愉快	yúkuài	위콰이
	开心	kāixīn	카이씬
	痛快	tòngkuài	통콰이
기쁘다	高兴	gāoxìng	까오씽
행복하다	幸福	xìngfú	씽푸
만족하다	满意	mǎnyì	만이
감동하다	感动	gǎndòng	간똥
안심하다	放心	fàngxīn	팡씬
홀가분하다	轻松	qīngsōng	칭쏭
편안하다	舒服	shūfu	슈푸
외롭다	寂寞	jìmò	찌모
고통스럽다	痛苦	tòngkǔ	통쿠

참다	忍耐	rěnnài	런나이
	忍受	rěnshòu	런셔우
마음이 아프다	伤心	shāngxīn	샹신
	悲伤	bēishāng	뻬이샹
우울하다	忧郁	yōuyù	여우위
	郁闷	yùmèn	위먼
화나다	生气	shēngqì	셩치
흥분하다	兴奋	xīngfèn	씽펀
싫다, 밉다	讨厌	tǎoyàn	타오옌
질투하다	吃醋	chīcù	츠추
	嫉妒	jídù	지뚜
부러워하다	羡慕	xiànmù	씨엔무
걱정하다	担心	dānxīn	딴씬
고민하다	烦恼	fánnǎo	판나오
불안하다	不安	bù'ān	뿌안

Part 5 감정 _97

감정

놀라다	吃惊	chījīng	츠징
무섭다	害怕	hàipà	하이파
두려워하다	怕	pà	파
긴장하다	紧张	jǐnzhāng	진짱
초조하다	着急	zháojí	자오지
당황하다	慌乱	huāngluàn	황루안
	慌张	huāngzhāng	황짱
속상하다	难过	nánguò	난꾸어
원망하다	怨恨	yuànhèn	위엔헌
	埋怨	mányuàn	만위엔
유감스럽다	遗憾	yíhàn	이한
아쉽다	可惜	kěxī	커시
실망하다	失望	shīwàng	스왕
후회하다	后悔	hòuhuǐ	허우훼이
불쌍하다	可怜	kělián	커리엔

실력확인

1. 다음 단어의 뜻을 한국어로 쓰세요.

   ① 满意
   ② 伤心
   ③ 可惜
   ④ 害怕
   ⑤ 羡慕

2. 반대말끼리 연결하세요.

   ① 紧张 •　　　　• 小气
   ② 喜欢 •　　　　• 轻松
   ③ 大方 •　　　　• 放心
   ④ 谦虚 •　　　　• 胆怯
   ⑤ 勇敢 •　　　　• 骄傲
   ⑥ 担心 •　　　　• 讨厌

실력확인

3. 성격을 나타내는 단어를 중국어로 쓰세요.

① 정직하다
② 냉정하다
③ 적극적이다
④ 상냥하다
⑤ 명랑하다
⑥ 거만하다
⑦ 성실하다

4. 감정을 나타내는 단어를 중국어로 쓰세요.

① 기쁘다
② 행복하다
③ 감동하다
④ 화나다
⑤ 참다
⑥ 후회하다
⑦ 고통스럽다

PART 6 의

의복

옷	衣服	yīfu	이푸	
양복	西服	xīfú	씨푸	❶
와이셔츠	衬衫	chènshān	천산	❷
바지	裤子	kùzi	쿠즈	❸
스웨터	毛衣	máoyī	마오이	❹
티셔츠	T恤衫	Txù shān	T 쉬산	❺
외투	外套	wàitào	와이타오	❻
	大衣	dàyī	따이	
치마	裙子	qúnzi	췬즈	❼
청바지	牛仔裤	niúzǎikù	니우자이쿠	❽
쟈켓	夹克	jiákè	지아커	❾
원피스	连衣裙	liányīqún	리엔이췬	❿
투피스	套装	tàozhuāng	타오쮸앙	⓫
잠옷	睡衣	shuìyī	쉐이이	⓬

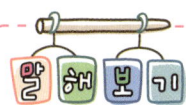 ※ 그림을 보고 중국어로 말해 보세요.

①    ②    ③

④ 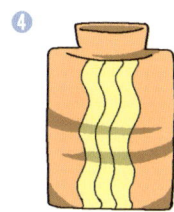   ⑤    ⑥

※ 1~12까지의 단어를 넣어 다음과 같이 말해 보세요.

쩌 찌엔(티아오)　　　　　　　　　　전머양
A 这件(条) _____ 怎么样? 이___어때요?
　　Zhè jiàn(tiáo) _____ zěnmeyàng?

헌 하오 칸
B 很好看。 매우 예쁘네요.
　　Hěn hǎo kàn.

의복

양말	袜子	wàzi	와즈
스타킹	丝袜	sīwà	쓰와
속옷	内衣	nèiyī	네이이
브래지어	胸罩	xiōngzhào	씨옹쨔오
팬티	内裤	nèikù	네이쿠
칼라	领子	lǐngzi	링즈
소매	袖子	xiùzi	씨우즈
주머니	口袋	kǒudài	커우따이
지퍼	拉链	lāliàn	라리엔
옷감	布料	bùliào	뿌리아오
면	棉	mián	미엔
울	羊毛	yángmáo	양마오
마	麻	má	마
실크	丝绸	sīchóu	쓰쳐우
가죽	皮革	pígé	피거

| 입다 | 穿 | chuān | 츄안 |

- 天冷了，多穿点儿衣服。
  Tiān lěng le, duō chuān diǎnr yīfu.
  티엔 렁 러, 뚜어 츄안 디알 이푸
  날이 추워졌으니 옷을 많이 챙겨 입어라.

| 벗다 | 脱 | tuō | 투어 |

- 他把衣服脱在床上。
  Tā bǎ yīfu tuō zài chuáng shang.
  타 바 이푸 투어 짜이 츄앙 상
  그는 옷을 침대 위에 벗었다.

| 헐렁하다 | 肥 | féi | 페이 |

- 袖子肥了一点儿。
  Xiùzi féi le yìdiǎnr.
  씨우즈 페이 러 이디얼
  소매가 좀 헐렁하다.

| 끼다 | 瘦 | shòu | 서우 |

- 这件衬衫我穿瘦了点儿。
  Zhè jiàn chènshān wǒ chuān shòu le diǎnr.
  쩌 찌엔 천산 워 츄안 서우 러 디알
  이 셔츠는 내가 입기에 좀 낀다.

| 잘 맞다 | 合适 | héshì | 허스 |

- 这件衣服正合适。
  Zhè jiàn yīfu zhèng héshì.
  쩌 찌엔 이푸 쩡 허스
  이 옷은 꼭 맞다.

잡화

신발	鞋	xié	시에	①
모자	帽子	màozi	마오즈	②
장갑	手套	shǒutào	셔우타오	③
목도리	围巾	wéijīn	웨이진	④
넥타이	领带	lǐngdài	링따이	⑤
손목시계	手表	shǒubiǎo	셔우비아오	⑥
안경	眼镜	yǎnjìng	옌찡	⑦
벨트	腰带	yāodài	야오따이	⑧
손수건	手绢	shǒujuàn	셔우쥐엔	⑨
반지	戒指	jièzhi	찌에즈	⑩
귀걸이	耳环	ěrhuán	얼환	⑪
목걸이	项链	xiàngliàn	씨앙리엔	⑫
핸드백	手提包	shǒutíbāo	셔우티빠오	⑬
지갑	钱包	qiánbāo	치엔빠오	⑭
우산	雨伞	yǔsǎn	위산	⑮

 ※그림을 보고 중국어로 말해 보세요.

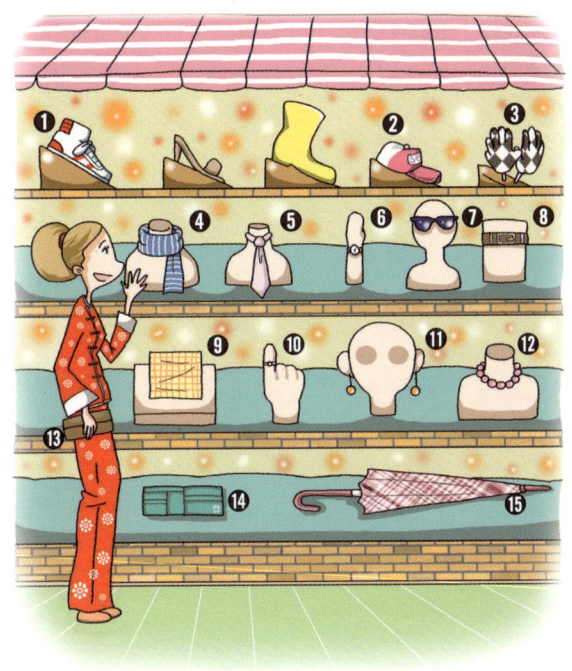

Part 6 의_107

색상

색	颜色	yánsè	옌써	
흰색	白色	báisè	바이써	❶
검정색	黑色	hēisè	헤이써	❷
회색	灰色	huīsè	훼이써	❸
빨간색	红色	hóngsè	홍써	❹
분홍색	粉红色	fěnhóngsè	펀홍써	❺
노란색	黄色	huángsè	황써	❻
파란색	蓝色	lánsè	란써	❼
하늘색	天蓝色	tiānlánsè	티엔란써	❽
녹색	绿色	lǜsè	뤼써	❾
연두색	淡绿色	dànlǜsè	딴뤼써	❿
보라색	紫色	zǐsè	즈써	⓫
갈색	棕色	zōngsè	쫑써	⓬
금색	金色	jīnsè	진써	⓭
은색	银色	yínsè	인써	⓮

말해보기

※ 그림을 보고 중국어로 말해 보세요.

※ 1~14까지의 단어를 넣어 중국어로 말해보세요.

　　　니　　시환　　션머　　옌써
A 你喜欢什么颜色? 너는 무슨 색을 좋아하니?
　Nǐ xǐhuan shénme yánsè?

　　워　시환
B 我喜欢 _____。 나는 ____을 좋아해.
　Wǒ xǐhuan _____.

실력확인

1. 다음 그림을 보고 단어를 중국어로 쓰세요.

① 양복　　　② 와이셔츠　　　③ 바지

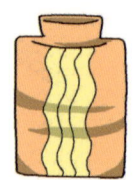

④ 스웨터　　　⑤ 티셔츠　　　⑥ 외투

2. 다음 그림에 맞는 중국어를 쓰세요.

① 목도리　　　　　　　② 장갑
③ 모자　　　　　　　　④ 안경
⑤ 반지　　　　　　　　⑥ 지갑

실력확인

3. 다음 단어에 맞는 중국어를 연결하세요.

① 소매 •　　　　• 丝绸

② 칼라 •　　　　• 袖子

③ 실크 •　　　　• 口袋

④ 주머니 •　　　• 拉链

⑤ 지퍼 •　　　　• 领子

4. 다음 색깔을 중국어로 쓰세요.

① 빨간색

② 노란색

③ 갈색

④ 흰색

⑤ 파란색

⑥ 검정색

PART **7** 식

식사

요리	菜	cài	차이
아침식사	早饭	zǎofàn	자오판
점심식사	午饭	wǔfàn	우판
저녁식사	晚饭	wǎnfàn	완판
간식	零食	língshí	링스
	点心	diǎnxīn	디엔씬
야식	夜宵	yèxiāo	예씨아오
밥, 식사	饭	fàn	판
탕, 수프	汤	tāng	탕
반찬	小菜	xiǎocài	시아오차이
빵	面包	miànbāo	미엔빠오
국수	面条	miàntiáo	미엔티아오
애피타이저	开胃菜	kāiwèicài	카이웨이차이
디저트	甜点心	tiándiǎnxīn	티엔디엔신

곡류/야채

한국어	중국어	병음	발음
쌀	大米	dàmǐ	따미
보리쌀	大麦米	dàmàimǐ	따마이미
콩	豆子	dòuzi	떠우즈
팥	红豆	hóngdòu	홍떠우
	小豆	xiǎodòu	시아오떠우
녹두	绿豆	lǜdòu	뤼떠우
채소, 야채	菜	cài	차이
	蔬菜	shūcài	슈차이
고추	辣椒	làjiāo	라지아오
미나리	水芹	shuǐqín	쉐이친
콩나물	豆芽	dòuyá	떠우야
고구마	甘薯	gānshǔ	깐슈
	红薯	hóngshǔ	홍슈
마늘	大蒜	dàsuàn	따쑤안

Part 7 식 _115

곡류/야채

한국어	중국어	병음	발음	
배추	白菜	báicài	바이차이	❶
무	萝卜	luóbo	루어보	❷
버섯	蘑菇	mógu	모구	❸
양파	洋葱	yángcōng	양총	❹
피망	甜椒	tiánjiāo	티엔지아오	❺
토마토	番茄	fānqié	판치에	❻
	西红柿	xīhóngshì	시훙스	
가지	茄子	qiézi	치에즈	❼
시금치	菠菜	bōcài	뽀차이	❽
오이	黄瓜	huángguā	황꽈	❾
당근	胡萝卜	húluóbo	후루어보	❿
양배추	卷心菜	juǎnxīncài	쥐엔씬차이	⓫
파	葱	cōng	총	⓬
감자	土豆	tǔdòu	투떠우	⓭
	马铃薯	mǎlíngshǔ	마링슈	

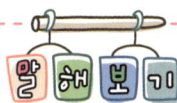 ※그림을 보고 중국어로 말해 보세요.

※1~13까지의 단어를 넣어 중국어로 말해보세요.

닌 야오 션머
A 您要什么? 뭐 드릴까요?
　Nín yào shénme?

워 야오 이 진
B 我要一斤 _____。 _____ 한 근 주세요.
　Wǒ yào yìjīn _____.

과일

한국어	중국어	병음	발음	
과일	水果	shuǐguǒ	쉐이구어	
귤	橘子	júzi	쥐즈	❶
사과	苹果	píngguǒ	핑구어	❷
배	梨子	lízi	리즈	❸
감	柿子	shìzi	스즈	❹
바나나	香蕉	xiāngjiāo	씨앙지아오	❺
오렌지	橙子	chéngzi	청즈	❻
레몬	柠檬	níngméng	닝멍	❼
수박	西瓜	xīguā	씨꽈	❽
메론, 하미과	哈密瓜	hāmìguā	하미꽈	❾
포도	葡萄	pútao	푸타오	❿
딸기	草莓	cǎoméi	차오메이	⓫
복숭아	桃子	táozi	타오즈	⓬
파인애플	菠萝	bōluó	뽀루어	⓭
키위	猕猴桃	míhóutáo	미허우타오	⓮

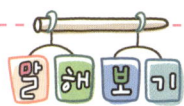 ※그림을 보고 중국어로 말해 보세요.

※1~14까지의 단어를 넣어 중국어로 말해보세요.

　　　니　시환　츠　나 중 쉐이구어
A 你喜欢吃哪种水果? 어떤 과일 좋아하세요?
　　Nǐ xǐhuan chī nǎ zhǒng shuǐguǒ?

　　　워　시환　츠
B 我喜欢吃 _____ 。 저는 _____을 좋아합니다.
　　Wǒ xǐhuan chī _____.

고기류/해산물

한국어	중국어	병음	발음	
돼지고기	猪肉	zhūròu	쮸러우	❶
소고기	牛肉	niúròu	니우러우	❷
닭고기	鸡肉	jīròu	지러우	❸
오리고기	鸭肉	yāròu	야러우	
해산물	海鲜	hǎixiān	하이씨엔	
고등어	青花鱼	qīnghuāyú	칭화위	❹
꽁치	秋刀鱼	qiūdāoyú	치우따오위	❺
오징어	鱿鱼	yóuyú	여우위	❻
문어	章鱼	zhāngyú	쨩위	
갈치	带鱼	dàiyú	따이위	
게	螃蟹	pángxiè	팡씨에	❼
새우	虾	xiā	씨아	❽
조개	贝	bèi	뻬이	❾
다시마, 미역	海带	hǎidài	하이따이	

※ 그림을 보고 중국어로 말해 보세요.

※ 1~9까지의 단어를 넣어 중국어로 말해보세요.

뚜어사오 치엔 이 진

A _____ 多少钱一斤? ____한 근에 얼마입니까?
_____ duōshao qián yìjīn?

이 진 얼스 콰이

B 一斤二十块。 한 근에 20원입니다.
Yìjīn èrshí kuài.

Part 7 식 _121

| 맛 | 味道 | wèidao | 웨이따오 |

| 맛보다 | 尝 | cháng | 창 |

- 我可以尝尝吗?
Wǒ kěyǐ chángchang ma?
워 커이 창창 마
제가 맛 좀 봐도 될까요?

| 맛있다 | 好吃 | hǎochī | 하오츠 |

- 今天的菜做得真好吃。
Jīntiān de cài zuò de zhēn hǎochī.
진티엔 더 차이 쭈어 더 쩐 하오츠
오늘 음식은 정말 맛있게 만들었네.

| 맵다 | 辣 | là | 라 |

- 这种辣椒特别辣。
Zhè zhǒng làjiāo tèbié là.
쩌 중 라지아오 터비에 라
이런 고추는 특히 맵다.

| 달다 | 甜 | tián | 티엔 |

- 这些水果不太甜。
Zhè xiē shuǐguǒ bú tài tián.
쩌 씨에 쉐이구어 부 타이 티엔
이 과일들은 그다지 달지 않다.

| 짜다 | 咸 | xián | 시엔 |

- 我不爱吃咸的东西。
Wǒ bú ài chī xián de dōngxi.
워 부 아이 츠 시엔 더 똥시
나는 짠 음식을 좋아하지 않아.

| 쓰다 | 苦 | kǔ | 쿠 |

- 味道是挺苦的。
Wèidao shì tǐng kǔ de.
웨이따오 스 팅 쿠 더
맛이 매우 쓰다.

| 시다 | 酸 | suān | 쑤안 |

- 这个橘子又酸又甜。
Zhè ge júzi yòu suān yòu tián.
쩌 거 쥐즈 여우 쑤안 여우 티엔
이 귤은 시고 달다.

| 떫다 | 涩 | sè | 써 |

- 这个柿子有点儿涩。
Zhè ge shìzi yǒudiǎnr sè.
쩌 거 스즈 여우디알 써
이 감은 조금 떫다.

| 싱겁다 | 淡 | dàn | 딴 |

- 她做的菜太淡了。
Tā zuò de cài tài dàn le.
타 쭈어 더 차이 타이 딴 러
그녀가 만든 음식은 너무 싱겁다.

| 비리다 | 腥 | xīng | 씽 |

- 这菜做得有点儿腥。
Zhè cài zuò de yǒudiǎnr xīng.
쩌 차이 쭈어 더 여우디알 씽
이 음식은 좀 비리게 만들었다.

조리 방법

| (음식을)만들다 | 做 | zuò | 쭈어 |

- 做菜 / zuòcài / 쭈어차이 — 요리하다

| 싸다, 빚다 | 包 | bāo | 빠오 |

- 包饺子 / bāo jiǎozi / 빠오 지아오즈 — 만두를 빚다

| 삶다, 끓이다 | 煮 | zhǔ | 쥬 |

- 煮鸡蛋 / zhǔ jīdàn / 쥬 지딴 — 계란을 삶다

| 찌다 | 蒸 | zhēng | 쩡 |

- 蒸饺子 / zhēng jiǎozi / 쩡 지아오즈 — 만두를 찌다

| 고다, 조리다 | 熬 | áo | 아오 |

- 熬中药 / áo zhōngyào / 아오 쫑야오 — 한약을 달이다

| 볶다 | 炒 | chǎo | 챠오 |

- 炒猪肉 　 돼지고기를 볶다
  chǎo zhūròu
  챠오 쮸러우

| 튀기다 | 炸 | zhá | 쟈 |

- 炸鱼 　 생선을 튀기다
  zháyú
  쟈위

| 직접 불에 굽다 | 烤 | kǎo | 카오 |

- 烤牛肉 　 소고기를 굽다
  kǎo niúròu
  카오 니우러우

| 부치다, 지지다 | 煎 | jiān | 찌엔 |

- 煎豆腐 　 두부를 부치다
  jiān dòufu
  찌엔 떠우푸

| 무치다, 섞다 | 拌 | bàn | 빤 |

- 拌黄豆芽 　 콩나물을 무치다
  bàn huángdòuyá
  빤 황떠우야

Part 7 식 _125

조리 방법

| 벗기다 | 削 | xiāo | 씨아오 |
| | 刮 | guā | 꽈 |

- 削(刮)皮 / xiāo(guā)pí / 씨아오(꽈)피 — 껍질을 벗기다

| 썰다 | 切 | qiē | 치에 |

- 切土豆 / qiē tǔdòu / 치에 투떠우 — 감자를 썰다

| 찧다 | 捣 | dǎo | 다오 |

- 捣蒜 / dǎosuàn / 다오쑤안 — 마늘을 찧다

| 반죽하다 | 和 | huó | 후어 |

- 和面 / huómiàn / 후어미엔 — 밀가루를 반죽하다

| 절이다 | 腌 | yān | 옌 |

- 腌鱼 / yānyú / 옌위 — 생선을 절이다

조미료

조미료	调料	tiáoliào	티아오리아오
	作料	zuòliào	쭈어리아오
설탕	糖	táng	탕
소금	盐	yán	옌
식초	醋	cù	추
간장	酱油	jiàngyóu	찌앙여우
된장	大酱	dàjiàng	따찌앙
고추장	辣椒酱	làjiāojiàng	라지아오찌앙
깨	芝麻	zhīma	즈마
고춧가루	辣椒粉	làjiāofěn	라지아오펀
후추가루	胡椒粉	hújiāofěn	후지아오펀
참기름	香油	xiāngyóu	씨앙여우
	芝麻油	zhīmayóu	즈마여우
겨자	芥末	jièmo	찌예모

음료·술·기타

한국어	중국어	병음	발음
음료	饮料	yǐnliào	인리아오
생수	矿泉水	kuàngquánshuǐ	쾅취엔쉐이
커피	咖啡	kāfēi	카페이
녹차	绿茶	lǜchá	뤼차
홍차	红茶	hóngchá	홍차
우유	牛奶	niúnǎi	니우나이
과일 쥬스	果汁	guǒzhī	구어즈
콜라	可乐	kělè	컬러
스프라이트	雪碧	xuěbì	쉬에삐
맥주	啤酒	píjiǔ	피지우
양주	洋酒	yángjiǔ	양지우
칵테일	鸡尾酒	jīwěijiǔ	지웨이지우
샴페인	香槟酒	xiāngbīnjiǔ	씨앙삔지우
포도주	葡萄酒	pútáojiǔ	푸타오지우

실력확인

1. 아래 단어의 뜻을 쓰세요.

    ① 蔬菜　　　　　　② 面包
    ③ 甜点心　　　　　④ 水果
    ⑤ 点心　　　　　　⑥ 海鲜
    ⑦ 猪肉　　　　　　⑧ 大米

2. 다음 단어를 중국어로 쓰세요.

    ① 맵다　　　　　　② 달다
    ③ 싱겁다　　　　　④ 쓰다
    ⑤ 시다　　　　　　⑥ 떫다
    ⑦ 짜다　　　　　　⑧ 비리다

실력확인

3. 아래 단어를 중국어로 쓰세요.

① 계란을 삶다
② 돼지고기를 볶다
③ 껍질을 벗기다
④ 만두를 빚다
⑤ 두부를 부치다
⑥ 감자를 썰다
⑦ 생선을 절이다

4. 서로 맞는 단어를 연결하세요.

① 소금 • • 酱油
② 식초 • • 糖
③ 간장 • • 盐
④ 된장 • • 胡椒粉
⑤ 설탕 • • 大酱
⑥ 후춧가루 • • 醋

PART 8 주

집

집, 가옥	房子	fángzi	팡즈
	房屋	fángwū	팡우
주택단지	小区住宅	xiǎoqū zhùzhái	시아오취 쮸자이
단독주택	独家独院	dújiā dúyuàn	두지아 두위엔
아파트	公寓	gōngyù	꽁위
원룸 아파트	单间公寓	dānjiān gōngyù	딴찌엔 꽁위
단층집	平房	píngfáng	핑팡
빌라	楼房	lóufáng	러우팡
별장	别墅	biéshù	비에슈
빌딩	大楼	dàlóu	따러우
개인소유주택	私房	sīfáng	쓰팡
부동산	房地产	fángdìchǎn	팡띠찬
인테리어	装修	zhuāngxiū	쮸앙시우

집세, 방세	房租	fángzū	팡쭈
집세, 방세	房钱	fángqián	팡치엔
집주인	房东	fángdōng	팡똥
임차인	房客	fángkè	팡커
살다	住	zhù	쮸
서울에 살다	住首尔	zhù shǒu'ěr	쮸 셔우얼
짓다	盖	gài	까이
아파트를 짓다	盖公寓	gài gōngyù	까이 꽁위
구하다, 찾다	找	zhǎo	자오
집을 구하다	找房子	zhǎo fángzi	자오 팡즈
세놓다	出租	chūzū	츄쭈
집을 세놓다	出租房屋	chūzū fángwū	츄쭈 팡우

집

한국어	중국어	병음	발음	
지붕, 옥상	屋顶	wūdǐng	우띵	❶
	房顶	fángdǐng	팡딩	
기와	瓦	wǎ	와	❷
윗층	楼上	lóushàng	러우샹	❸
아래층	楼下	lóuxià	러우씨아	❹
베란다	阳台	yángtái	양타이	❺
문	门	mén	먼	❻
둘러싼 담	围墙	wéiqiáng	웨이치앙	❼
마당	院子	yuànzi	위엔즈	❽
차고	车库	chēkù	쳐쿠	❾
우편함	邮件箱	yóujiànxiāng	여우찌엔씨앙	❿
화단	花坛	huātán	화탄	⓫
문패	门牌	ménpái	먼파이	
벨	门铃	ménlíng	먼링	

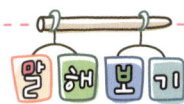 ※ 그림을 보고 중국어로 말해 보세요.

집 내부

한국어	중국어	병음	발음	
현관	门口	ménkǒu	먼커우	❶
신발장	鞋柜	xiéguì	시에꾸이	❷
문	门	mén	먼	❸
창문	窗户	chuānghu	츄앙후	❹
기둥	柱子	zhùzi	쮸즈	
벽	墙	qiáng	치앙	
천장	天花板	tiānhuābǎn	티엔화반	
복도	走廊	zǒuláng	저우랑	❺
계단	楼梯	lóutī	러우티	❻
거실	客厅	kètīng	커팅	❼
부엌	厨房	chúfáng	츄팡	❽
욕실	浴室	yùshì	위스	❾
침실	卧室	wòshì	워스	

 ※그림을 보고 중국어로 말해 보세요.

부엌

싱크대	水槽	shuǐcáo	쉐이차오	❶
가스렌지	煤气灶	méiqìzào	메이치짜오	❷
냉장고	冰箱	bīngxiāng	삥시앙	❸
전자렌지	微波炉	wēibōlú	웨이뽀루	❹
도마	切菜板	qiēcàibǎn	치에차이반	❺
	砧板	zhěnbǎn	쩐반	
칼	菜刀	càidāo	차이따오	❻
국자	汤勺	tāngsháo	탕사오	❼
주걱	饭勺	fànsháo	판사오	❽
뚜껑	盖子	gàizi	까이즈	❾
냄비	锅	guō	꾸어	❿
후라이팬	煎锅	jiānguō	지엔꾸어	⓫
주전자	水壶	shuǐhú	쉐이후	⓬
수도꼭지	水龙头	shuǐlóngtóu	쉐이롱터우	⓭

※그림을 보고 중국어로 말해 보세요.

부엌

식탁	饭桌	fànzhuō	판쭈어	①
전기밥솥	电饭锅	diànfànguō	띠엔판꾸어	②
토스터	烤面包机	kǎomiànbāojī	카오미엔빠오지	③
쟁반	托盘	tuōpán	투어판	④
행주	抹布	mābù	마뿌	⑤
그릇	碗	wǎn	완	⑥
작은 접시	碟子	diézi	디에즈	⑦
밥그릇	饭碗	fànwǎn	판완	⑧
컵	杯子	bēizi	뻬이즈	⑨
숟가락	勺子	sháozi	샤오즈	⑩
젓가락	筷子	kuàizi	콰이즈	⑪
병따개	起子	qǐzi	치즈	⑫
포크	叉子	chāzi	챠즈	⑬
나이프	餐刀	cāndāo	찬따오	⑭
앞치마	围裙	wéiqún	웨이췬	⑮

※ 그림을 보고 중국어로 말해 보세요.

거실

자명종	闹钟	nàozhōng	나오쭝	❶
꽃병	花瓶	huāpíng	화핑	❷
커튼	窗帘	chuānglián	추앙리엔	❸
카페트	地毯	dìtǎn	띠탄	❹
텔레비전	电视	diànshì	띠엔스	❺
오디오	音箱	yīnxiāng	인씨앙	❻
선풍기	电风扇	diànfēngshàn	띠엔펑산	❼
담배	香烟	xiāngyān	씨앙옌	❽
라이터	打火机	dǎhuǒjī	다후어지	❾
재떨이	烟灰缸	yānhuīgāng	옌훼이깡	❿
방석	垫子	diànzi	띠엔즈	⓫
테이블	桌子	zhuōzi	쭈어즈	⓬
소파	沙发	shāfā	샤파	

※ 그림을 보고 중국어로 말해 보세요.

※ 1~12까지의 단어를 넣어 다음과 같이 말해 보세요.

A 커팅리 여우 션머
   客厅里有什么? 거실에는 무엇이 있습니까?
   Kètīngli yǒu shénme?

B 커팅리 여우
   客厅里有 _____ 。 거실에는 _____이(가) 있습니다.
   Kètīngli yǒu _____.

방

옷장	衣柜	yīguì	이꾸이	❶
라디오	收音机	shōuyīnjī	셔우인지	❷
화장대	梳妆台	shūzhuāngtái	슈쮸앙타이	❸
화장품	化妆品	huàzhuāngpǐn	화쮸앙핀	❹
빗	梳子	shūzi	슈즈	❺
에어컨	空调	kōngtiáo	콩티아오	❻
휴지통	垃圾桶	lājītǒng	라지통	❼
침대	床	chuáng	츄앙	❽
이불	被子	bèizi	뻬이즈	❾
베개	枕头	zhěntou	전터우	❿
책장	书柜	shūguì	슈꾸이	⓫
서랍	抽屉	chōuti	쳐우티	⓬
담요	毛毯	máotǎn	마오탄	
요	褥子	rùzi	루즈	

 ※ 그림을 보고 중국어로 말해 보세요.

※ 1~12까지의 단어를 넣어 다음과 같이 말해 보세요.

　　　니　더　팡지엔리　여우　션머
A 你的房间里有什么? 당신의 방에는 무엇이 있습니까?
　Nǐ de fángjiānli yǒu shénme?

　　　워　더　팡지엔리　여우
B 我的房间里有　　　　。
　Wǒ de fángjiānli yǒu ＿＿＿＿＿.
　저의 방에는＿＿＿이 있습니다.

욕실

욕실	浴室	yùshì	위스
욕조	澡塘	zǎotáng	자오탕	❶
화장실	卫生间	wèishēngjiān	웨이셩지엔	❷
거울	镜子	jìngzi	찡즈	❸
칫솔	牙刷	yáshuā	야슈아	❹
치약	牙膏	yágāo	야까오	❺
드라이어	吹风机	chuīfēngjī	췌이펑지	❻
수건	毛巾	máojīn	마오진	❼
샴푸	洗发精	xǐfàjīng	시파징	❽
린스	护发素	hùfàsù	후파쑤	❾
비누	香皂	xiāngzào	씨앙짜오	❿
면도기	剃刀	tìdāo	티따오	⓫
	刮胡刀	guāhúdāo	꽈후따오
휴지	卫生纸	wèishēngzhǐ	웨이셩즈

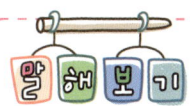 ※ 그림을 보고 중국어로 말해 보세요.

※ 1~11까지의 단어를 넣어 다음과 같이 말해 보세요.

워 커이 용 이시아 　　　 마
A 我可以用一下　　　吗? ＿＿＿를 좀 사용해도 됩니까?
Wǒ kěyǐ yòng yíxià ＿＿＿ ma?

땅란 커이
B 当然可以。 물론이죠.
Dāngrán kěyǐ.

욕실

얼굴을 씻다	洗脸	xǐliǎn	시리엔
얼굴을 닦다	擦脸	cāliǎn	차리엔
손 씻다	洗手	xǐshǒu	시셔우
이를 닦다	刷牙	shuāyá	슈아야
입안을 헹구다	漱口	shùkǒu	슈커우
샤워하다	(洗)淋浴	(xǐ)línyù	(시)린위
목욕하다	洗澡	xǐzǎo	시자오
머리 빗다	梳头发	shū tóufa	슈 터우파
머리 감다	洗头发	xǐ tóufa	시 터우파
드라이하다	吹风	chuīfēng	췌이펑
수염을 깎다	刮胡子	guā húzi	꾸아 후즈
화장실 가다	上厕所	shàng cèsuǒ	상 처쑤어
변기 물을 내리다	冲水	chōngshuǐ	총쉐이

청소/세탁

한국어	中文	병음	발음
진공청소기	吸尘器	xīchénqì	시쳔치
빗자루	笤帚	tiáozhou	티아오쩌우
쓰레받기	撮子	cuōzi	추어즈
대걸레	拖把	tuōbǎ	투오바
걸레, 행주	抹布	mābù	마뿌
양동이	水桶	shuǐtǒng	쉐이퉁
먼지떨이	鸡毛掸子	jīmáo dǎnzi	지마오 단즈
쓰레기	垃圾	lājī	라지
세탁기	洗衣机	xǐyījī	시이지
빨래집게	衣服夹子	yīfu jiāzi	이푸 지아즈
세탁세제	洗衣粉	xǐyīfěn	시이펀
고무장갑	橡皮手套	xiàngpí shǒutào	시앙피 셔우타오
수세미	刷碗布	shuāwǎnbù	슈아완뿌

청소 / 세탁

| 청소하다 | 打扫 | dǎsǎo | 다사오 |

- 打扫房间 방을 청소하다
  dǎsǎo fángjiān
  다사오 팡지옌

| 정리하다 | 整理 | zhěnglǐ | 정리 |

- 整理书房 서재를 정리하다
  zhěnglǐ shūfáng
  정리 슈팡

| 쓸다 | 扫 | sǎo | 사오 |

- 扫垃圾 쓰레기를 쓸다
  sǎo lājī
  싸오 라지

| 닦다 | 擦 | cā | 차 |

- 擦桌子 테이블을 닦다
  cā zhuōzi
  차 쮸어즈

| 털다 | 掸 | dǎn | 단 |

- 掸尘 먼지를 털다
  dǎnchén
  단천

| 빨다 | 洗 | xǐ | 시 |

- 干洗 드라이 클리닝하다
  gānxǐ
  깐시

| 짜다 | 拧 | níng | 닝 |

- 拧毛巾 수건을 짜다
  níng máojīn
  닝 마오진

| 말리다 | 晒(干) | shài(gān) | 사이(깐) |
| | 晾 | liàng | 량 |

- 晒(晾)衣服 옷을 말리다
  shài(liàng)yīfu
  사이(량) 이푸

| 개다 | 叠 | dié | 디에 |

- 叠衣服 옷을 개다
  dié yīfu
  디에 이푸

| 다림질하다 | 熨 | yùn | 윈 |

- 熨衬衫 셔츠를 다림질하다
  yùn chènshān
  윈 천산

실력확인

1. 그림을 보고 단어를 중국어로 쓰세요.

① 선풍기   ② 자명종   ③ 라디오

④ 테이블   ⑤ 재떨이   ⑥ 방석

2. 그림에 맞는 단어를 연결하세요.

①    · 杯子

②    · 镜子

③    · 菜刀

④    · 锅子

⑤    · 吹风机

⑥    · 梳子

실력확인

3. 다음 문장을 중국어로 쓰세요.

① 얼굴을 씻다

② 이를 닦다

③ 머리를 빗다

④ 수염을 깎다

⑤ 샤워하다

⑥ 테이블을 닦다

⑦ 드라이클리닝하다

⑧ 옷을 개다

⑨ 서재를 정리하다

⑩ 쓰레기를 쓸다

PART 9 학교

교육

한국어	중국어	병음	발음
교육	教育	jiàoyù	지아오위
학교	学校	xuéxiào	쉬에씨아오
학년	年级	niánjí	니엔지
학기	学期	xuéqī	쉬에치
학과	学科	xuékē	쉬에커
전공	专业	zhuānyè	쭈안예
탁아소	托儿所	tuō'érsuǒ	투어얼쑤어
유치원	幼儿园	yòu'éryuán	여우얼위엔 ❶
초등학교	小学	xiǎoxué	시아오쉬에 ❷
중학교	初中	chūzhōng	츄쫑 ❸
고등학교	高中	gāozhōng	까오쫑 ❹
대학	大学	dàxué	따쉬에 ❺
대학원	研究生院	yánjiūshēngyuàn	옌지우성위엔

※ 그림을 보고 중국어로 말해 보세요.

①

②

③/④

⑤

※ 1~5까지의 단어를 넣어 중국어로 말해보세요.

워 지에지에 스 츄풍셩   니 꺼거 너
A 我姐姐是初中生，你哥哥呢?
Wǒ jiějie shì chūzhōngshēng, nǐ gēge ne?
우리 언니는 중학생인데 너희 오빠는?

타 샹
B 他是 ▢▢▢ 生。 우리 오빠는 _____학생이야.
Tā shì _____ shēng.

 교실

교실	教室	jiàoshì	지아오스	①
선생님	老师	lǎoshī	라오스	②
학생	学生	xuésheng	쉬에셩	③
교과서	课本	kèběn	커번	④
노트	本子	běnzi	번즈	⑤
연필	铅笔	qiānbǐ	치엔비	⑥
지우개	橡皮	xiàngpí	씨앙피	⑦
볼펜	圆珠笔	yuánzhūbǐ	위엔쥬비	⑧
필통	笔盒	bǐhé	비허	⑨
칠판	黑板	hēibǎn	헤이반	⑩
책상	桌子	zhuōzi	쭈어즈	⑪
의자	椅子	yǐzi	이즈	⑫
컴퓨터	电脑	diànnǎo	띠엔나오	⑬

 ※ 그림을 보고 중국어로 말해 보세요.

※ 1~13까지의 단어를 넣어 다음과 같이 말해 보세요.

A 这是什么? 이것은 무엇입니까?
　 쩌 스 션머
　 Zhè shì shénme?

B 这是 _____ 。 이것은 _____ 입니다.
　 쩌 스
　 Zhè shì _____.

문구

물감	颜料	yánliào	옌리아오	①
붓	毛笔	máobǐ	마오비	②
가위	剪刀	jiǎndāo	지엔따오	③
풀	胶水	jiāoshuǐ	지아오쉐이	④
스카치테이프	透明胶布	tòumíngjiāobù	터우밍지아오뿌	⑤
칼	裁纸刀	cáizhǐdāo	차이즈따오	⑥
스테플러	订书机	dìngshūjī	띵슈지	⑦
압핀	图钉	túdīng	투띵	⑧
	盖钉	gàidīng	까이띵	
자	尺子	chǐzi	츠즈	⑨
색종이	彩纸	cǎizhǐ	차이즈	⑩
클립	曲别针	qūbiézhēn	취비에쩐	⑪
크레용	蜡笔	làbǐ	라비	⑫

 ※ 그림을 보고 중국어로 말해 보세요.

※ 1~12까지의 단어를 넣어 다음과 같이 말해 보세요.

A: _____ 짜이 나얼
在哪儿? _____는(은) 어디에 있습니까?
_____ zài nǎr?

B: 짜이 쩌얼
在这儿。 여기에 있습니다.
Zài zhèr.

학교생활

시험	考试	kǎoshì	카오스
성적	成绩	chéngjì	청지
학점	学分	xuéfēn	쉬에펀
시간표	课程表	kèchéngbiǎo	커청비아오
여름방학	暑假	shǔjià	슈지아
겨울방학	寒假	hánjià	한지아
소풍	郊游	jiāoyóu	지아오여우
과외활동	课外活动	kèwài huódòng	커와이 후어똥
운동장	操场	cāochǎng	차오창
	运动场	yùndòngchǎng	윈똥창
체육관	体育馆	tǐyùguǎn	티위관
도서관	图书馆	túshūguǎn	투슈관
교정	校园	xiàoyuán	씨아오위엔
기숙사	宿舍	sùshè	쑤셔
공부하다	学习	xuéxí	쉬에시

개학하다	开学	kāixué	카이쉬에
방학하다	放假	fàngjià	팡지아
입학하다	入学	rùxué	루쉬에
졸업하다	毕业	bìyè	삐예
수업 시작하다	上课	shàngkè	상커
수업을 마치다	下课	xiàkè	씨아커
등교하다	上学	shàngxué	상쉬에
하교하다	放学	fàngxué	팡쉬에
출석하다	出席	chūxí	츄시
결석하다	缺席	quēxí	취에시
지각하다	迟到	chídào	츠따오
예습하다	预习	yùxí	위시
복습하다	复习	fùxí	푸시
숙제하다	做作业	zuò zuòyè	쭈어 쭈어예

학교생활

| 가르치다 | 教 | jiāo | 지아오 |

- 他在大学教汉语。
  Tā zài dàxué jiāo Hànyǔ.
  타 짜이 따쉬에 지아오 한위
  그는 대학에서 중국어를 가르친다.

| 질문하다 | 提问 | tíwèn | 티원 |

- 上课时老师常常提问。
  Shàngkè shí lǎoshī chángcháng tíwèn.
  샹커 스 라오스 창창 티원
  수업시간에 선생님은 자주 질문한다.

| 대답하다 | 回答 | huídá | 훼이다 |

- 我不知道该怎么回答。
  Wǒ bùzhīdào gāi zěnme huídá.
  워 뿌 즈따오 까이 전머 훼이다
  나는 어떻게 대답해야 할지 모르겠다.

| 어렵다 | 难 | nán | 난 |

- 这次考试太难了。
  Zhè cì kǎoshì tài nán le.
  쩌 츠 카오스 타이 난 러
  이번 시험은 너무 어려웠어.

| 쉽다 | 容易 | róngyì | 롱이 |

- 汉语的语法比较容易。
  Hànyǔ de yǔfǎ bǐjiào róngyì.
  한위 더 위파 비지아오 롱이
  중국어 어법은 비교적 쉽다.

실력확인

1. 서로 맞는 단어를 연결하세요.

   ① 유치원 •   • 大学
   ② 중학교 •   • 高中
   ③ 대학 •   • 小学
   ④ 초등학교 •   • 幼儿园
   ⑤ 고등학교 •   • 初中

2. 다음 단어의 뜻을 한국어로 쓰세요.

   ① 复习
   ② 放学
   ③ 出席
   ④ 开学
   ⑤ 毕业
   ⑥ 做作业

실력확인

3. 그림을 보고 중국어로 쓰세요.

① 붓 ② 가위 ③ 풀

  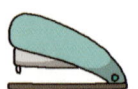

④ 스카치 테이프 ⑤ 칼 ⑥ 스테플러

⑦ 자 ⑧ 색종이 ⑨ 클립

PART 10 직장

직업

경찰	警察	jǐngchá	징챠	①
의사	大夫	dàifu	따이푸	②
	医生	yīshēng	이성	
간호사	护士	hùshi	후스	③
요리사	厨师	chúshī	츄스	④
화가	画家	huàjiā	화지아	⑤
운전기사	司机	sījī	쓰지	⑥
미용사	美发师	měifàshī	메이파스	⑦
가수	歌手	gēshǒu	꺼셔우	⑧
검사	检察官	jiǎncháguān	지엔차꽌	⑨
변호사	律师	lǜshī	뤼스	⑩
기자	记者	jìzhě	지져	⑪
소방관	消防队员	xiāofáng duìyuán	씨아오팡뚜이위엔	⑫
회사원	公司职员	gōngsī zhíyuán	꽁쓰 즈위엔	⑬

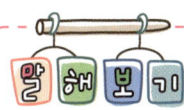

※ 그림을 보고 중국어로 말해 보세요.

※ 1~13까지의 단어를 넣어 다음과 같이 말해 보세요.

　　니 쭈어 션머 꽁쭈어
A 你做什么工作? 당신은 무슨 일을 하십니까?
　Nǐ zuò shénme gōngzuò?

　　워 스
B 我是 _____. 저는 _____입니다.
　Wǒ shì _____.

직장생활

일, 직업	工作	gōngzuò	꽁쭈어
파트타임	钟点工	zhōngdiǎngōng	쭝디엔꽁
야간근무	夜班	yèbān	예빤
고객, 거래처	客户	kèhù	커후
급여	工薪	gōngxīn	꽁신
	工资	gōngzī	꽁쯔
보너스	奖金	jiǎngjīn	지양진
수당	津贴	jīntiē	진티에
상품	商品	shāngpǐn	상핀
샘플	样品	yàngpǐn	양핀
바이어	购买商	gòumǎishāng	꺼우마이상
세일즈	促销	cùxiāo	추씨아오
	推销	tuīxiāo	퉤이씨아오
계약	合同	hétong	허퉁
이사	董事	dǒngshì	둥스

대표	代表	dàibiǎo	따이비아오
사장	总经理	zǒngjīnglǐ	쫑징리
	老板	lǎobǎn	라오반
직원	职员	zhíyuán	즈위엔
부장, 지배인	经理	jīnglǐ	징리
간부	干部	gànbù	깐뿌
비서	秘书	mìshū	미슈
주임	主任	zhǔrèn	쥬런
과장	科长	kēzhǎng	커쟝
경리	会计	kuàijì	콰이지
신입사원	新手	xīnshǒu	신셔우
	新职工	xīnzhígōng	신즈꿍
상사	上级	shàngjí	샹지
부하	下级	xiàjí	씨아지
취업하다	就业	jiùyè	지우예

Part 10 직장 _171

직장생활

일하다	工作	gōngzuò	꽁쭈어
출근하다	上班	shàngbān	샹빤
퇴근하다	下班	xiàbān	씨아빤
지각하다	迟到	chídào	츠따오
결근하다	缺勤	quēqín	취에친
승진하다	升职	shēngzhí	셩즈
철야하다	开夜车	kāi yèchē	카이 예처
잔업하다	加班	jiābān	지아빤
이직하다	跳槽	tiàocáo	티아오차오
회의를 하다	开会	kāihuì	카이후이
실직하다	失业	shīyè	스예
퇴직하다	退休	tuìxiū	투이시우
해고하다	炒鱿鱼	chǎo yóuyú	차오 여우위
감원하다	裁员	cáiyuán	차이위엔

맡다	担任 dānrèn	딴런
	· 担任组长 dānrèn zǔzhǎng 딴런 주장	조장을 맡다

보고하다	报告 bàogào	빠오까오
	· 向总经理报告 xiàng zǒngjīnglǐ bàogào 시앙 쭝징리 빠오까오	사장에게 보고하다

제출하다	提交 tíjiāo	티지아오
	· 提交报告 tíjiāo bàogào 티지아오 빠오까오	보고서를 제출하다

출장가다	出差 chūchāi	츄차이
	· 去北京出差 qù Běijīng chūchāi 취 베이징 츄차이	북경으로 출장가다

접대하다	接待 jiēdài	지에따이
	· 接待客人 jiēdài kèrén 지에따이 커런	손님을 접대하다

실력확인

1. 그림을 보고 중국어로 쓰세요.

① 경찰관　　② 화가　　③ 요리사

④ 의사　　⑤ 간호사　　⑥ 운전기사

2. 다음 단어의 뜻을 쓰세요.

① 客户　　　
② 新手　　　
③ 奖金　　　
④ 合同　　　
⑤ 董事　　　
⑥ 样品　　　

3. 서로 맞는 단어끼리 연결하세요.

① 세일즈　•　　　•　秘书
② 비서　　•　　　•　津贴
③ 상품　　•　　　•　促销
④ 수당　　•　　　•　总经理
⑤ 사상　　•　　　•　工作
⑥ 일, 직업 •　　　•　商品

실력확인

4. 다음 단어를 중국어로 쓰세요.

① 취업하다

② 퇴근하다

③ 승진하다

④ 이직하다

⑤ 실직하다

⑥ 감원하다

⑦ 잔업하다

⑧ 보고하다

⑨ 제출하다

⑩ 출장가다

PART 11 일상생활

하루

일어나다	起床	qǐchuáng	치츄앙	❶
식사하다	吃饭	chīfàn	츠판	❷
정리하다	整理	zhěnglǐ	정리	❸
화장실에 가다	上厕所	shàng cèsuǒ	상 처쑤어	❹
청소하다	打扫	dǎsǎo	다싸오	❺
세탁하다	洗衣服	xǐ yīfu	시 이푸	❻
출근하다	上班	shàngbān	상빤	❼
일하다	工作	gōngzuò	꽁쭈어	❽
쉬다	休息	xiūxi	씨우시	❾
귀가하다	回家	huíjiā	훼이지아	❿
산책하다	散步	sànbù	싼뿌	
목욕하다	洗澡	xǐzǎo	시자오	
잠자다	睡觉	shuìjiào	쉐이찌아오	⓫
꿈을 꾸다	做梦	zuòmèng	쭈어멍	

 ※ 그림을 보고 중국어로 말해 보세요.

Part 11 일상생활

동네 풍경

도로	公路	gōnglù	꽁루	❶
인도	人行道	rénxíngdào	런싱따오	❷
사거리	十字路口	shízì lùkǒu	스쯔 루커우	❸
횡단보도	人行横道	rénxíng héngdào	런싱 헝따오	❹
육교	天桥	tiānqiáo	티엔치아오	❺
신호등	红绿灯	hónglǜdēng	훙뤼떵	❻
다리	桥	qiáo	치아오	❼
자전거	自行车	zìxíngchē	쯔싱쳐	❽
고속도로	高速公路	gāosù gōnglù	까오쑤 꽁루	
터널	隧道	suìdào	쑤이따오	
건널목	道口	dàokǒu	따오커우	
골목	胡同	hútòng	후퉁	
표지판	路牌	lùpái	루파이	

 ※그림을 보고 중국어로 말해 보세요.

자전거 번호판

우리에게는 자전거 번호판이 생소하지만 중국에서는 자전거 절도사건이 많이 발생하여 자전거를 구입하면 바로 해당 기관에 등록하고 자전거 번호판을 받아야 합니다. 일부 지역에서는 자전거 몸체에 번호를 찍고 따로 번호판을 주기도 합니다.

Part 11 일상생활 _181

교통

버스	公共汽车	gōnggòng qìchē	꽁꽁 치쳐	❶
터미널	客运站	kèyùnzhàn	커윈짠	❷
버스정류장	公车站	gōngchēzhàn	꽁쳐짠	❸
차표	车票	chēpiào	쳐피아오	❹
개찰구	检票口	jiǎnpiàokǒu	지엔피아오커우	❺
시간표	时刻表	shíkèbiǎo	스커비아오	❻
전철	地铁	dìtiě	띠티에	❼
전철역	地铁站	dìtiězhàn	띠티에짠	❽
기차	火车	huǒchē	후어쳐	
기차역	火车站	huǒchēzhàn	후어쳐짠	
매표소	售票处	shòupiàochù	셔우피아오츄	
차비	车费	chēfèi	쳐페이	
편도	单程	dānchéng	딴청	
왕복	往返	wǎngfǎn	왕판	

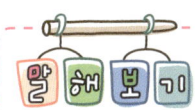

※ 그림을 보고 중국어로 말해 보세요.

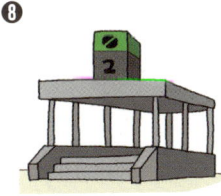

교통

첫차	头班车	tóubānchē	터우빤쳐
막차	末班车	mòbānchē	모빤쳐
종점	终点站	zhōngdiǎnzhàn	쫑디엔짠
교통카드	交通卡	jiāotōngkǎ	지아오통카
특급열차	特快	tèkuài	터콰이
급행열차	直快	zhíkuài	즈콰이
보통열차	慢车	mànchē	만쳐
출발역	始发站	shǐfāzhàn	스파짠
환승역	中转站	zhōngzhuǎnzhàn	쫑쥬안짠
일반석	硬座	yìngzuò	잉쭈어
고급석	软座	ruǎnzuò	루안쭈어
침대칸	卧铺	wòpù	워푸
입석	无座	wúzuò	우쭈어
	站位	zhànwèi	짠웨이

| 도착하다 | 到达 | dàodá | 따오다 |

- 我已经到达目的地了。
  Wǒ yǐjīng dàodá mùdìdì le.
  워 이징 따오다 무띠띠 러
  저는 벌써 목적지에 도착했어요.

| 승차하다 | 上车 | shàngchē | 상쳐 |

- 你在哪儿上车的?
  Nǐ zài nǎr shàngchē de?
  니 짜이 나알 상쳐 더
  어디서 타셨어요?

| 하차하다 | 下车 | xiàchē | 씨아쳐 |

- 我要在下一站下车。
  Wǒ yào zài xià yí zhàn xiàchē.
  워 야오 짜이 씨아 이 짠 씨아쳐
  저는 다음 정거장에서 내려야해요.

| 갈아타다 | 换车 | huànchē | 환쳐 |

- 换几路车?
  Huàn jǐ lù chē?
  환 지 루 쳐
  몇 번 버스로 갈아타야 하나요?

| 정거장을 지나치다 | 坐过站 | zuòguò zhàn | 쭈어꾸어 짠 |

- 今天又坐过站了。
  Jīntiān yòu zuòguò zhàn le.
  진티엔 여우 쭈어꾸어 짠 러
  오늘 또 정거장을 지나쳤어요.

교통

한국어	중국어	병음	발음	
택시	出租车	chūzūchē	츄쭈쳐	❶
운전기사	司机	sījī	쓰지	❷
승객	乘客	chéngkè	쳥커	❸
비행기	飞机	fēijī	페이지	❹
공항	机场	jīchǎng	지창	❺
국내선	国内航班	guónèi hángbān	구어네이 항빤	❻
국제선	国际航班	guójì hángbān	구어찌 항빤	❼
이륙하다	起飞	qǐfēi	치페이	❽
착륙하다	着陆	zhuólù	쥬어루	❾
탑승하다	登机	dēngjī	떵지	
편명	航班	hángbān	항빤	
연착하다	晚点	wǎndiǎn	완디엔	
결항하다	停航	tíngháng	팅항	
배	船	chuán	츄안	❿
항구	港口	gǎngkǒu	강커우	⓫

말해보기

※ 그림을 보고 중국어로 말해 보세요.

운전

운전면허증	驾驶证	jiàshǐzhèng	지아스쩡
주유소	加油站	jiāyóuzhàn	지아여우짠
주차장	停车场	tíngchēchǎng	팅쳐챵
안전벨트	安全带	ānquándài	안취엔따이
교통사고	车祸	chēhuò	쳐후어
일방통행	单行道	dānxíngdào	딴싱따오
우측통행	右行	yòuxíng	여우싱
시속	时速	shísù	스쑤
속도제한	速限	sùxiàn	쑤씨엔
주차금지	禁止停车	jìnzhǐ tíngchē	찐즈 팅쳐
진입금지	禁止进入	jìnzhǐ jìnrù	찐즈 진루
주행도로	行车道	xíngchēdào	싱쳐따오
추월도로	超车道	chāochēdào	챠오쳐따오

운전하다	开车	kāichē	카이쳐
시동 걸다	启动	qǐdòng	치똥
브레이크를 밟다	刹车	shāchē	샤쳐
앞으로 가다	前进	qiánjìn	치엔찐
후진하다	倒车	dàochē	따오쳐
추월하다	超车	chāochē	챠오쳐
정차하다	停车	tíngchē	팅쳐
신호위반하다	闯红灯	chuǎng hóngdēng	츄앙 홍떵
음주운전하다	酒后开车	jiǔhòu kāichē	지우허우 카이쳐
	撞车	zhuàngchē	쮸앙쳐
주유하다	加油	jiāyóu	지아여우

백화점	百货商店	bǎihuò shāngdiàn	바이후어 샹띠엔	❶
	百货大楼	bǎihuò dàlóu	바이후어 따러우	
슈퍼마켓	超市	chāoshì	차오스	❷
시장	市场	shìchǎng	스창	
점원	店员	diànyuán	띠엔위엔	❸
손님	客人	kèrén	커런	❹
계산대	收银台	shōuyíntái	셔우인타이	❺
가격	价格	jiàgé	찌아거	
팔다	卖	mài	마이	
사다	买	mǎi	마이	
고르다	挑选	tiāoxuǎn	티아오쉬엔	
비싸다	贵	guì	꾸이	
싸다	便宜	piányi	피엔이	
지불하다	付钱	fùqián	푸치엔	
잔돈 거슬러주다	找钱	zhǎoqián	쟈오치엔	

중국 화폐

1角 yì jiǎo 1지아오

5角 wǔ jiǎo 5지아오

1元 yì yuán 1위엔

5元 wǔ yuán 5위엔

10元 shí yuán 10위엔

20元 èrshí yuán 20위엔

50元 wǔshí yuán 50위엔

100元 yìbǎi yuán 100위엔

우체국

우체국	邮局	yóujú	여우쥐	①
우체통	邮筒	yóutǒng	여우통	②
우표	邮票	yóupiào	여우피아오	③
편지	信	xìn	씬	④
이름	名字	míngzi	밍즈	⑤
주소	地址	dìzhǐ	띠즈	⑥
우편번호	邮政编码	yóuzhèngbiānmǎ	여우쩡삐엔마	⑦
	邮编	yóubiān	여우삐엔	
소포	包裹	bāoguǒ	빠오구어	⑧
엽서	明信片	míngxìnpiàn	밍신피엔	
연하장	贺年卡	hèniánkǎ	허니엔카	
받는 사람	收件人	shòujiànrén	셔우찌엔런	
보내는 사람	寄件人	jìjiànrén	찌찌엔런	
금액	金额	jīné	진어	

무게	重量	zhòngliàng	쫑량
봉투	信封	xìnfēng	씬펑
편지를 받다	收件	shōujiàn	셔우찌엔
편지를 부치다	寄件	jìjiàn	찌찌엔

※ 그림을 보고 중국어로 말해 보세요.

은행

은행	银行	yínháng	인항	
돈	钱	qián	치엔	❶
예금통장	存折	cúnzhé	춘져	❷
도장	图章	túzhāng	투짱	❸
신용카드	信用卡	xìnyòngkǎ	씬용카	❹
창구	窗口	chuāngkǒu	츄앙커우	❺
환전하다	换钱	huànqián	환치엔	❻
이자	利息	lìxī	리시	
대출	贷款	dàikuǎn	따이콴	
	借款	jièkuǎn	찌예콴	
예금하다	存款	cúnkuǎn	춘콴	
인출하다	取款	qǔkuǎn	취콴	
송금하다	汇款	huìkuǎn	후이콴	

※ 그림을 보고 중국어로 말해 보세요.

중국의 여러 은행

지아오통은행
交通银行
Jiāotōng yínháng

쨔오샹은행 招商银行
Zhāoshāng yínháng

쫑구어은행 中国银行
Zhōngguó yínháng

전화

전화	电话	diànhuà	띠엔화
휴대전화	手机	shǒujī	셔우지
공중전화	公用电话	gōngyòng diànhuà	공용 띠엔화
전화카드	电话卡	diànhuàkǎ	띠엔화카
전화번호	电话号码	diànhuà hàomǎ	띠엔화 하오마
지역번호	区号	qūhào	취하오
장난전화	骚扰电话	sāorǎo diànhuà	싸오라오 띠엔화
국제전화	国际电话	guójì diànhuà	구어찌 띠엔화
	国际长途	guójì chángtú	구어찌 챵투
콜렉트콜	对方付款	duìfāng fùkuǎn	뚜이팡 푸콴
통화중	占线	zhànxiàn	짠씨엔
음성사서함	语音信箱	yǔyīn xìnxiāng	위인 씬씨앙
전화번호부	电话簿	diànhuàbù	띠엔화뿌
혼선	串线	chuànxiàn	츄안씨엔

한국어	중국어	병음	발음
여보세요	喂	wéi	웨이
전화를 걸다	打电话	dǎ diànhuà	다 띠엔화
전화를 받다	接电话	jiē diànhuà	지에 띠엔화
전화가 오다	来电话	lái diànhuà	라이 띠엔화
전화를 끊다	挂机	guàjī	꾸아지
수화기를 들다	拿起听筒	náqi tīngtǒng	나치 팅통
잘못 걸다	打错了	dǎ cuò le	다 추어 러
메시지를 남기다	留言	liúyán	리우옌
전화를 돌리다	转	zhuǎn	쥬안
전화가 끊기다	掉线	diàoxiàn	띠아오씨엔
연결이 안 되다	打不通	dǎbutōng	다부통

컴퓨터

컴퓨터	电脑	diànnǎo	띠엔나오	①
키보드	键盘	jiànpán	찌엔판	②
마우스	鼠标	shǔbiāo	슈삐아오	③
모니터	显示器	xiǎnshìqì	시엔스치	④
프린터	打印机	dǎyìnjī	다인지	⑤
데스크탑형	台式机	táishìjī	타이스지	
노트북	笔记本电脑	bǐjìběn diànnǎo	비지번 띠엔나오	

말해보기 ※ 그림을 보고 중국어로 말해 보세요.

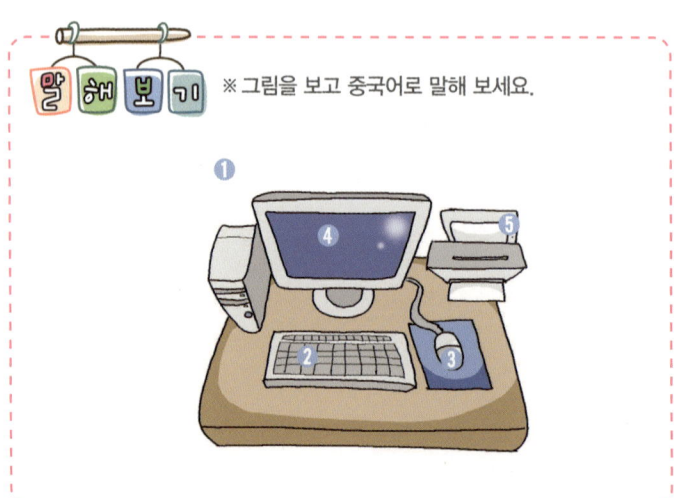

프로그램	程序	chéngxù	청쉬
폴더	文件夹	wénjiànjiā	원찌엔지아
파일	文件	wénjiàn	원찌엔
부팅	启动	qǐdòng	치똥
종료	关机	guānjī	꽌지
초기화	初始化	chūshǐhuà	츄스화
열기	打开	dǎkāi	다카이
닫기	关闭	guānbì	꽌삐
클릭	点击	diǎnjī	디엔지
입력	输入	shūrù	슈루
저장	保存	bǎocún	바오춘
삭제	删除	shānchú	산츄
복사하기	拷贝	kǎobèi	카오뻬이
	复印	fùyìn	푸인
다운로드	下载	xiàzài	씨아짜이

컴퓨터

인터넷	因特网	yīntèwǎng	인터왕
이메일	电子邮件	diànzi yóujiàn	띠엔즈 여우찌엔
메일주소	邮件地址	yóujiàn dìzhǐ	여우찌엔 띠즈
홈페이지	主页	zhǔyè	쥬예
	网页	wǎngyè	왕예
채팅	聊天	liáotiān	리아오티엔
컴퓨터 게임	电脑游戏	diànnǎo yóuxì	띠엔나오 여우씨
로그인	登入	dēngrù	떵루
로그아웃	登出	dēngchū	떵츄
비밀번호	密码	mìmǎ	미마
네티즌	网民	wǎngmín	왕민
바이러스	病毒	bìngdú	삥두
가입하다	注册	zhùcè	쥬처
검색하다	搜索	sōusuǒ	써우수어
인터넷에 접속하다	上网	shàngwǎng	상왕

실력확인

1. 그림을 보고 중국어로 쓰세요.

① 신호등

② 인도

③ 사거리

④ 횡단보도

⑤ 육교

⑥ 도로

실력확인

2\. 다음 설명에 맞는 장소를 중국어로 쓰세요.

① 돈을 인출하다
② 비행기를 타다
③ 편지를 부치다
④ 쇼핑을 하다
⑤ 버스를 기다리다

3\. 다음 단어를 중국어로 쓰세요.

① 일어나다
② 세탁하다
③ 출근하다
④ 목욕하다
⑤ 산책하다
⑥ 잠자다

PART 12 취미와 문화

취미

취미	爱好	àihào	아이하오	
독서	读书	dúshū	두슈	①
낚시	钓鱼	diàoyú	띠아오위	②
바둑	围棋	wéiqí	웨이치	③
장기	象棋	xiàngqí	씨앙치	④
서예	书法	shūfǎ	슈파	⑤
등산	登山	dēngshān	떵샨	⑥
꽃꽂이	插花	chāhuā	차화	⑦
분재	盆景	pénjǐng	펀징	⑧
사진 찍기	拍照	pāizhào	파이짜오	⑨
우표수집	集邮	jíyóu	지여우	⑩
여행하기	旅游	lǚyóu	뤼여우	⑪
음악감상	听音乐	tīng yīnyuè	팅 인위에	⑫
영화감상	看电影	kàn diànyǐng	칸 띠엔잉	⑬

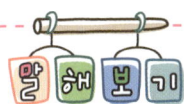

※ 그림을 보고 중국어로 말해 보세요.

①  ②  ③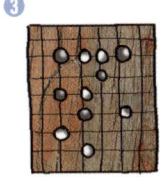

④ 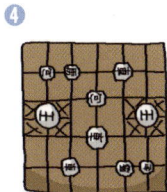 ⑤  ⑥

※ 1~13까지의 단어를 넣어 다음과 같이 말해 보세요.

A 你的爱好是什么? 당신의 취미는 무엇입니까?
　　니 더 아이하오 스 션머
　　Nǐ de àihào shì shénme?

B 我的爱好是 _____ 。 저의 취미는 _____ 입니다.
　　워 더 아이하오 스
　　Wǒ de àihào shì _____.

Part 12 취미와 문화 _205

예술

예술	艺术	yìshù	이슈
회화	绘画	huìhuà	후이화 ❶
조각	雕刻	diāokè	띠아오커 ❷
도예	陶艺	táoyì	타오이 ❸
미술관	美术馆	měishùguǎn	메이슈관
음악	音乐	yīnyuè	인위에
음악회	音乐会	yīnyuèhuì	인위에후이
악기	乐器	yuèqì	위에치
피아노	钢琴	gāngqín	깡친 ❹
바이올린	小提琴	xiǎotíqín	시아오티친 ❺
악보	乐谱	yuèpǔ	위에푸 ❻
지휘자	乐队指挥	yuèduì zhǐhuī	위에뚜이 즈후이 ❼
리듬	节奏	jiézòu	지에쩌우
연주하다	演奏	yǎnzòu	옌쩌우

말해 보기

※ 그림을 보고 중국어로 말해 보세요.

① ②  ③  ④ 
⑤  ⑥  ⑦

TIP

악기 관련 표현

▷ 피아노를 치다   弹钢琴   tán gāngqín   탄 깡친
▷ 기타를 치다   弹吉他   tán jítā   탄 지타
▷ 피리를 불다   吹笛子   chuī dízi   췌이 디즈
▷ 북을 치다   打鼓   dǎgǔ   다구

대중매체

대중매체	大众传媒	dàzhòng chuánméi	따쭝 츄안메이
멀티미디어	多媒体	duōméitǐ	뚜어메이티
텔레비전	电视机	diànshìjī	띠엔스지
라디오	收音机	shōuyīnjī	셔우인지
생방송	现场直播	xiànchǎng zhíbō	시엔창 즈뽀
채널	频道	píndào	핀따오
프로그램	节目	jiémù	지에무
드라마	电视剧	diànshìjù	띠엔스쥐
뉴스	新闻	xīnwén	신원
사회자	主持人	zhǔchírén	쥬츠런
시청자	观众	guānzhòng	꽌쭝
보도하다	报道	bàodào	빠오따오
방송하다	播送	bōsòng	뽀쏭
	广播	guǎngbō	광뽀
신문	报纸	bàozhǐ	빠오즈

한국어	중국어	병음	발음
헤드라인	大字标题	dàzì biāotí	따쯔 삐아오티
사설	社论	shèlùn	셔룬
칼럼	专栏	zhuānlán 쮸안란
정보	信息	xìnxī	씬시
기자	记者	jìzhě	찌져
광고	广告	guǎnggào	광까오
평론	评论	pínglùn	핑룬
취재/인터뷰	采访	cǎifǎng	차이팡
소설	小说	xiǎoshuō	시아오슈어
잡지	杂志	zázhì	자즈
동화	童话	tónghuà	통화
만화	漫画	mànhuà	만화
그림책	图画书	túhuàshū	투화슈
베스트셀러	畅销书	chàngxiāoshū	창씨아오슈

Part 12 취미와 문화 _209

스포츠

한국어	중국어	병음	발음	
축구	足球	zúqiú	주치우	❶
야구	棒球	bàngqiú	빵치우	❷
농구	篮球	lánqiú	란치우	❸
골프	高尔夫球	gāo'ěrfūqiú	까오얼푸치우	❹
수영	游泳	yóuyǒng	여우용	❺
배구	排球	páiqiú	파이치우	❻
테니스	网球	wǎngqiú	왕치우	❼
경기	比赛	bǐsài	비싸이	
선수	运动员	yùndòngyuán	윈뚱위엔	
	选手	xuǎnshǒu	쉬엔셔우	
감독	主教练	zhǔjiàoliàn	쥬찌아오리엔	
우승	冠军	guànjūn	꽌쥔	
이기다	(打)赢	(dǎ)yíng	(다)잉	
~(팀)에지다	输给~(队)	shū gěi~(duì)	슈 게이~(뚜이)	

※ 그림을 보고 중국어로 말해 보세요.

※ 1~7까지의 단어를 넣어 다음과 같이 말해 보세요.

<u>니 시환 쭈어 선머 윈동</u>

A 你喜欢做什么运动? 당신은 무슨 운동을 좋아하십니까?
　Nǐ xǐhuan zuò shénme yùndòng?

<u>워　　시환(티/다)</u>

B 我喜欢(踢 / 打) _____。 저는 _____를 좋아합니다.
　Wǒ xǐhuan(tī/dǎ) _____.

Part 12 취미와 문화 _211

여행

여행 일정	旅程	lǚchéng	뤼쳥
비자	签证	qiānzhèng	치엔쩡
여권	护照	hùzhào	후짜오
여비	旅费	lǚfèi	뤼페이
호텔	饭店	fàndiàn	판띠엔
	酒店	jiǔdiàn	지우띠엔
	宾馆	bīnguǎn	삔관
체크인	登记	dēngjì	떵지
체크아웃	退房	tuìfáng	퉤이팡
여행사	旅行社	lǚxíngshè	뤼싱셔
가이드	导游	dǎoyóu	다오여우
입장권	门票	ménpiào	먼피아오
팁	服务费	fúwùfèi	푸우페이
	小费	xiǎofèi	시아오페이

| 여행하다 | 旅游 | lǚyóu | 뤼여우 |

- 我打算去中国旅游。
  Wǒ dǎsuàn qù Zhōngguó lǚyóu.
  워 다쑤안 취 쭝구어 뤼여우
  나는 중국에 여행 갈 계획이야.

| 일정을 짜다 | 安排 | ānpái | 안파이 |

- 我们已经安排好了。
  Wǒmen yǐjīng ānpái hǎo le.
  워먼 이징 안파이 하오 러
  우리는 이미 일정을 다 짰습니다.

| 예약하다 | 预订 | yùdìng | 위띵 |

- 这房间是他预订的。
  Zhè fángjiān shì tā yùdìng de.
  쩌 팡지엔 스 타 위띵 더
  이 방은 그가 예약한 것입니다.

| 묵다 | 住 | zhù | 쭈 |

- 现在你住哪家宾馆?
  Xiànzài nǐ zhù nǎ jiā bīnguǎn?
  씨엔짜이 니 쭈 나 지아 삔관
  지금 어느 호텔에 묵고 있죠?

| 사진을 찍다 | 拍照 | pāizhào | 파이짜오 |
| | 照相 | zhàoxiàng | 짜오씨앙 |

- 我们去公园照照相吧。
  Wǒmen qù gōngyuán zhàozhao xiàng ba.
  워먼 취 꿍위엔 짜오짜오 씨앙 바
  우리 공원에 사진 찍으러 가자.

Part 12 취미와 문화 _213

실력확인

1. 그림을 보고 중국어로 쓰세요.

① 독서   ② 낚시   ③ 바둑

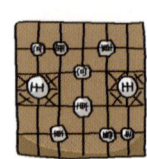      

④ 장기   ⑥ 서예   ⑥ 등산

2. 다음 단어의 뜻을 쓰세요.

① 频道　　　　　(　　　　　)

② 大众传媒　　　(　　　　　)

③ 节目　　　　　(　　　　　)

④ 电视剧　　　　(　　　　　)

⑤ 观众　　　　　(　　　　　)

⑥ 新闻　　　　　(　　　　　)

3. 다음 단어를 보기와 같이 분류하세요.

| 보기 | 음악 O　　　미술 X　　　스포츠 △ |

① 绘画(　) ② 运动员(　) ③ 乐谱(　)

④ 钢琴(　) ⑤ 雕刻(　) ⑥ 足球(　)

⑦ 小提琴(　) ⑧ 陶艺(　)

실력확인

4. 밑줄 친 단어를 중국어를 써 보세요.

① 뉴스를 <u>보도하다</u>
　　　　　　　　新闻

② 콘서트를 <u>방송하다</u>
　　　　　　　　演唱会

③ 호텔에 <u>묵다</u>
　　　　　　　　宾馆

④ 공원 가서 <u>사진 찍다</u>
　去公园

⑤ 중국에 <u>여행가다</u>
　去中国

⑥ 비행기 표를 <u>예약하다</u>
　　　　　　　　飞机票

⑦ 피아노를 <u>치다</u>
　　　　　　　　钢琴

PART 13 자연

동물

한국어	중국어	병음	발음
동물	动物	dòngwù	뚱우
호랑이	老虎	lǎohǔ	라오후
사자	狮子	shīzi	스즈
코끼리	大象	dàxiàng	따씨앙
곰	熊	xióng	시옹
팬더	熊猫	xióngmāo	시옹마오
여우	狐狸	húli	후리
양	绵羊	miányáng	미엔양
사슴	鹿	lù	루
토끼	兔子	tùzi	투즈
기린	长颈鹿	chángjǐnglù	챵징루
원숭이	猴	hóu	허우
쥐	老鼠	lǎoshǔ	라오슈
고양이	猫	māo	마오

조류/곤충

한국어	중국어	병음	발음
새	鸟	niǎo	니아오
닭	鸡	jī	지
오리	鸭	yā	야
거위	鹅	é	어
참새	麻雀	máquè	마취에
제비	燕子	yànzi	옌즈
비둘기	鸽子	gēzi	꺼즈
파리	苍蝇	cāngying	창잉
모기	蚊子	wénzi	원즈
매미	蝉	chán	찬
나비	蝴蝶	húdié	후디에
벌	蜂	fēng	펑
개미	蚂蚁	mǎyǐ	마이
거미	蜘蛛	zhīzhū	즈쮸

식물

식물	植物	zhíwù	즈우	
나무	树	shù	슈	❶
꽃	花	huā	화	❷
풀	草	cǎo	차오	❸
가지	树枝	shùzhī	슈즈	❹
꽃잎	花瓣	huābàn	화빤	❺
꽃봉오리	花包	huābāo	화빠오	❻
잎	叶子	yèzi	예즈	❼
가시	刺儿	cìr	철	❽
줄기	梗	gěng	겅	❾
뿌리	树根	shùgēn	슈건	❿
씨앗	种子	zhǒngzi	죵즈	⓫
싹	芽	yá	야	⓬
열매	果实	guǒshí	구어스	⓭

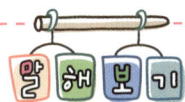 ※ 그림을 보고 중국어로 말해 보세요.

※ 1~13까지의 단어를 넣어 중국어로 말해보세요.

쩌 스 션머
A 这是什么? 이것은 무엇입니까?
　Zhè shì shénme?

쩌 스
B 这是 _____。 이것은 _____입니다.
　Zhè shì _____.

식물

장미	玫瑰	méigui	메이꿰이	❶
코스모스	大波斯菊	dàbōsījú	따뽀쓰쥐	❷
민들레	蒲公英	púgōngyīng	푸꿍잉	❸
국화	菊花	júhuā	쥐화	❹
해바라기	向日葵	xiàngrìkuí	씨앙르퀘이	❺
개나리	连翘	liánqiáo	리엔치아오	❻
목련	木兰	mùlán	무란	❼
백합	百合花	bǎihéhuā	바이허화	❽
튤립	郁金香	yùjīnxiāng	위진씨앙	❾
카네이션	康乃馨	kāngnǎixīn	캉나이씬	❿
나팔꽃	牵牛花	qiānniúhuā	치엔니우화	⓫
	喇叭花	lǎbahuā	라빠화	
꽃에 물주다	浇水	jiāoshuǐ	지아오쉐이	
꽃이 시들다	凋谢	diāoxiè	띠아오씨에	
	蔫	niān	니엔	

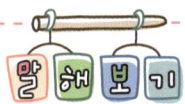 ※ 그림을 보고 중국어로 말해 보세요.

※ 1~11까지의 단어를 넣어 중국어로 말해보세요.

<u>뉘 펑여우 더 셩르 쏭 타 선머 하오 너</u>
A 女朋友的生日送她什么好呢?
Nǚ péngyou de shēngrì sòng tā shénme hǎo ne?
여자 친구 생일에 무엇을 선물해주면 좋을까요?

<u>쏭 이 슈   전머양</u>
B 送一束 [   ] 怎么样?
Sòng yíshù _____ zěnmeyàng?
_____ 한 다발 주는 게 어때요?

자연

한국어	중국어	병음	발음	
산	山	shān	산	❶
숲	森林	sēnlín	썬린	❷
들	平原	píngyuán	핑위엔	❸
강	江	jiāng	지앙	❹
호수	湖	hú	후	❺
폭포	瀑布	pùbù	푸뿌	❻
바다	海	hǎi	하이	❼
파도	波浪	bōlàng	뽀랑	❽
해안	海岸	hǎi'àn	하이안	❾
섬	岛	dǎo	다오	❿
하늘	天空	tiānkōng	티엔콩	⓫
태양	太阳	tàiyáng	타이양	⓬
구름	云	yún	윈	⓭
달	月亮	yuèliang	위에량	⓮
별	星星	xīngxing	씽싱	⓯

※ 그림을 보고 중국어로 말해 보세요.

날씨

날씨	天气	tiānqì	티엔치
맑은 날	晴天	qíngtiān	칭티엔
흐린 날	阴天	yīntiān	인티엔
비	雨	yǔ	위
바람	风	fēng	펑
눈	雪	xuě	쉬에
번개	闪电	shǎndiàn	산띠엔
안개	雾	wù	우
장마	霉雨	méiyǔ	메이위
태풍	台风	táifēng	타이펑
천둥	雷	léi	레이
기온	气温	qìwēn	치원
습도	湿度	shīdù	스뚜
맑다	晴	qíng	칭 ❶
흐리다	阴	yīn	인 ❷

덥다	热	rè	러	③
춥다	冷	lěng	렁	④
따뜻하다	暖和	nuǎnhuo	누안후어	⑤
선선하다	凉快	liángkuai	량콰이	⑥
구름이 많다	多云	duōyún	뚜어윈	
바람이 불다	刮风	guāfēng	꽈펑	
비가 내리다	下雨	xiàyǔ	씨아위	
눈이 내리다	下雪	xiàxuě	씨아쉬에	
습하다	湿润	shīrùn	스룬	
건조하다	干燥	gānzào	깐짜오	

※ 1~6까지의 단어를 넣어 중국어로 말해보세요.

진티엔 티엔치 전머양
A 今天天气怎么样? 오늘의 날씨는 어떻습니까?
Jīntiān tiānqì zěnmeyàng?

진티엔 티엔치 헌
B 今天天气很 _____ 。 오늘의 날씨는 매우 ____ 니다.
Jīntiān tiānqì hěn

실력확인

1. 그림을 보고 중국어로 쓰세요.

① 싹　　　　② 나무　　　　③ 풀

④ 꽃　　　　⑤ 잎　　　　⑥ 뿌리

2. 그림을 보고 중국어로 쓰세요.

① 하늘   ② 강   ③ 숲

④ 산   ⑤ 바다   ⑥ 호수

실력확인

3. 다음 단어의 뜻을 쓰세요.

① 台风
② 气温
③ 闪电
④ 月亮
⑤ 雷
⑥ 地震

4. 다음 설명에서 연상되는 날씨를 보기에서 찾아 쓰세요.

| 雪 | 风 | 雨 | 雾 | 晴天 | 阴天 |

① 나들이 하기에 좋은 날씨
② 크리스마스가 생각난다.
③ 금방이라도 비가 올것 같다.
④ 앞이 잘 안 보인다.
⑤ 우산이 필요하다.
⑥ 모자가 날아갈 것 같다.

PART 14 사회

정치

한국어	중국어	병음	발음
정치	政治	zhèngzhì	쩡쯔
국가	国家	guójiā	구어지아
국민	国民	guómín	구어민
정부	政府	zhèngfǔ	쩡푸
정당	政党	zhèngdǎng	쩡당
권리	权利	quánlì	취엔리
의무	义务	yìwù	이우
평등	平等	píngděng	핑덩
민주주의	民主主义	mínzhǔ zhǔyì	민쥬 쥬이
정치가	政治家	zhèngzhìjiā	쩡즈지아
대통령, 총통	总统	zǒngtǒng	종통
수상	首相	shǒuxiàng	셔우씨앙
선거	选举	xuǎnjǔ	쉬엔쥐
투표	投票	tóupiào	터우피아오

경제

한국어	中文	병음	발음
경제	经济	jīngjì	징지
호황	景气	jǐngqì	징치
불황	不景气	bùjǐngqì	뿌징치
수입	进口	jìnkǒu	진커우
수출	出口	chūkǒu	츄커우
물가	物价	wùjià	우지아
공급	供给	gōngjǐ	꽁지
수요	需求	xūqiú	쉬치우
시장가격	市价	shìjià	스지아
투자	投资	tóuzī	터우쯔
자본	成本	chéngběn	쳥번
세금	税金	shuìjīn	쉐이진
주식	股份	gǔfèn	구펀
부동산	房地产	fángdìchǎn	팡띠챤

종교	宗教	zōngjiào	쫑지아오
신앙	信仰	xìnyǎng	씬양
신도	信徒	xìntú	씬투
불교	佛教	Fójiào	포지아오
천주교	天主教	Tiānzhǔjiào	티엔주지아오
기독교	基督教	Jīdūjiào	지뚜지아오
절/사찰	寺庙	sìmiào	쓰미아오
교회	教堂	jiàotáng	찌아오탕
스님, 승려	和尚	héshang	허상
신부	神甫	shénfǔ	션푸
목사	牧师	mùshī	무스
하느님	上帝	shàngdì	상띠
기도하다	祈祷	qídǎo	치다오

사고/범죄

한국어	중국어	병음	발음
사고	事故	shìgù	스꾸
화재	火灾	huǒzāi	후어짜이
부상자	受伤者	shòushāngzhě	셔우상져
안전	安全	ānquán	안취엔
위험	危险	wēixiǎn	웨이시엔
범죄	犯罪	fànzuì	판쭈이
범인	犯人	fànrén	판런
강도	强盗	qiángdào	치앙따오
소매치기	扒手	páshǒu	파셔우
살인	谋杀	móushā	머우샤
강간	强奸	qiángjiān	치앙지엔
절도사건	盗窃案	dàoqiè'àn	따오치에안
사기사건	骗案	piàn'àn	피엔안

실력확인

1. 관련이 있는 단어끼리 연결하세요.

   ① 天主教 · · 和尚
   ② 选举 · · 牧师
   ③ 佛教 · · 受伤者
   ④ 事故 · · 投票
   ⑤ 基督教 · · 神甫

2. 다음 단어를 중국어로 쓰세요.

   ① 정치
   ② 국가
   ③ 경제
   ④ 물가
   ⑤ 자본
   ⑥ 종교
   ⑦ 신앙

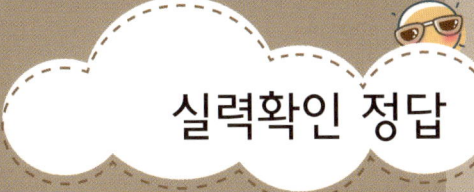
실력확인 정답

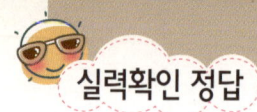

PART 1 실력확인

1. ① 本　② 件　③ 杯　④ 封　⑤ 辆

2. ① 七点三刻/七点四十五分
   ② 两点五十分
   ③ 六点二十分
   ④ 十一点三十五分
   ⑤ 三点一刻/三点十五分
   ⑥ 十二点半/十二点三十分

3. ① 前天
   ② 下下个星期
   ③ 这个月
   ④ 去年

4. ① 九月十一号 星期二
   ② 四月七号 星期三
   ③ 八月十八号 星期一
   ④ 十二月三十号 星期六
   ⑤ 三月二十二号 星期天

5. ① 短　② 轻　③ 旧　④ 近　⑤ 少

6. ① 什么　② 再　③ 怎么　④ 到底　⑤ 多少　⑥ 终于　⑦ 一起

PART 2 실력확인

1. ① 丈夫
   ② 儿子
   ③ 儿媳妇
   ④ 朋友
   ⑤ 邻居
   ⑥ 年轻人
   ⑦ 同事

2. ① 分手
   ② 邀请
   ③ 交(往)
   ④ 介绍
   ⑤ 吵架

PART 3 실력확인

1. ① 腿
   ② 肩膀
   ③ 背
   ④ 头
   ⑤ 屁股
   ⑥ 肚子
   ⑦ 脖子
   ⑧ 手

2. ① 站
   ② 躺
   ③ 投
   ④ 踢
   ⑤ 打
   ⑥ 撒
   ⑦ 系

실력확인 정답

PART 4 실력확인

1. ① 打喷嚏
   ② 头疼
   ③ 打哈欠
   ④ 出汗
   ⑤ 打鼾/打呼噜
   ⑥ 流泪

2. ① 注射室
   ② 医生
   ③ 护士
   ④ 贫血
   ⑤ 感冒
   ⑥ 手术

3. ① 止泻药
   ② 眼药水
   ③ 消化剂
   ④ 止痛药
   ⑤ 退烧药

PART 5 실력확인

1. ① 만족하다
   ② 마음이 아프다
   ③ 아쉽다
   ④ 무섭다
   ⑤ 부러워하다

2. ① 轻松
   ② 讨厌
   ③ 小气
   ④ 骄傲
   ⑤ 胆怯
   ⑥ 放心

3. ① 坦率/直率
   ② 冷淡
   ③ 积极
   ④ 温柔
   ⑤ 开朗
   ⑥ 骄傲
   ⑦ 诚实

4. ① 高兴　② 幸福
   ③ 感动　④ 生气
   ⑤ 忍耐/忍受　⑥ 后悔
   ⑦ 痛苦

PART 6 실력확인

1. ① 西服
   ② 衬衫
   ③ 裤子
   ④ 毛衣
   ⑤ T恤衫
   ⑥ 外套/大衣

2. ① 围巾
   ② 手套
   ③ 帽子
   ④ 眼镜
   ⑤ 戒指
   ⑥ 钱包

3. ① 袖子
   ② 领子
   ③ 丝绸
   ④ 口袋
   ⑤ 拉链

4. ① 红色
   ② 黄色
   ③ 棕色
   ④ 白色
   ⑤ 蓝色
   ⑥ 黑色

PART 7 실력확인

1. ① 야채　② 빵
   ③ 디저트　④ 과일
   ⑤ 간식　④ 해산물
   ⑤ 돼지고기　④ 쌀

2. ① 辣
   ② 甜

실력확인 정답

③ 淡
④ 苦
⑤ 酸
⑥ 涩
⑦ 咸
⑧ 腥

3. ① 煮鸡蛋
② 炒猪肉
③ 削皮/刮皮
④ 包饺子
⑤ 煎豆腐
⑥ 切土豆
⑦ 腌鱼

4. ① 盐
② 醋
③ 酱油
④ 大酱
⑤ 糖
⑥ 胡椒粉

PART 8 실력확인

1. ① 电风扇
② 闹钟
③ 收音机
④ 桌子
⑤ 烟灰缸
⑥ 垫子

2. ① 锅子
② 菜刀
③ 镜子
④ 梳子
⑤ 吹风机
⑥ 杯子

3. ① 洗脸
② 刷牙
③ 梳头发
④ 刮胡子
⑤ (洗)淋浴
⑥ 擦桌子

⑦ 干洗
⑧ 叠衣服
⑨ 整理书房
⑩ 扫垃圾

⑤ 裁纸刀
⑥ 订书机
⑦ 尺子
⑧ 彩纸
⑨ 曲别针

PART 9 실력확인

1. ① 幼儿园 ② 初中
   ③ 大学   ④ 小学
   ⑤ 高中

2. ① 복습하다
   ② 하교하다
   ③ 출석하다
   ④ 개학하다
   ⑤ 졸업하다
   ⑥ 숙제하다

3. ① 毛笔
   ② 剪刀
   ③ 胶水
   ④ 透明胶布

PART 10 실력확인

1. ① 警察
   ② 画家
   ③ 厨师
   ④ 大夫/医生
   ⑤ 护士
   ⑥ 司机

2. ① 고객, 거래처
   ② 신입사원
   ③ 보너스
   ④ 계약
   ⑤ 이사
   ⑥ 샘플

실력확인 정답

3. ① 促销
   ② 秘书
   ③ 商品
   ④ 津贴
   ⑤ 总经理
   ⑥ 工作

4. ① 就业
   ② 下班
   ③ 升职
   ④ 跳槽
   ⑤ 失业
   ⑥ 裁员
   ⑦ 加班
   ⑧ 报告
   ⑨ 提交
   ⑩ 出差

PART 11 실력확인

1. ① 红绿灯
   ② 人行道
   ③ 十字路口
   ④ 人行横道
   ⑤ 天桥
   ⑥ 公路

2. ① 银行
   ② 机场
   ③ 邮局
   ④ 百货商店/超市/市场
   ⑤ 公车站

3. ① 起床
   ② 洗衣服
   ③ 上班
   ④ 洗澡
   ⑤ 散步
   ⑥ 睡觉

PART 12 실력확인

1. ① 读书
   ② 钓鱼
   ③ 围棋
   ④ 象棋
   ⑤ 书法
   ⑥ 登山

2. ① 채널
   ② 대중매체
   ③ 프로그램
   ④ 드라마
   ⑤ 시청자
   ⑥ 뉴스

3. ① X
   ② △
   ③ ○
   ④ ○
   ⑤ X
   ⑥ △
   ⑦ ○
   ⑧ X

4. ① 报道
   ② 播送/广播
   ③ 住
   ④ 拍照/照相
   ⑤ 旅游
   ⑥ 预订
   ⑦ 弹

PART 13 실력확인

1. ① 芽
   ② 树
   ③ 草
   ④ 花
   ⑤ 叶子
   ⑥ 树根

실력확인 정답

2. ① 天空
   ② 江
   ③ 森林
   ④ 山
   ⑤ 海
   ⑥ 湖

3. ① 태풍
   ② 기온
   ③ 번개
   ④ 달
   ⑤ 천둥
   ⑥ 지진

4. ① 晴天
   ② 雪
   ③ 阴天
   ④ 雾
   ⑤ 雨
   ⑥ 风

PART 14 실력확인

1. ① 神父
   ② 投票
   ③ 和尚
   ④ 受伤者
   ⑤ 牧师

2. ① 政治
   ② 国家
   ③ 经济
   ④ 物价
   ⑤ 成本
   ⑥ 宗教
   ⑦ 信仰